国家社会科学基金项目《我国生产性服务业空间结构的本地效应、溢出效应及其优化研究》（15CJY055）

| 博士生导师学术文库 |

A Library of Academics by
Ph.D. Supervisors

中国生产性服务业空间结构研究

席强敏 著

光明日报出版社

图书在版编目（CIP）数据

中国生产性服务业空间结构研究 / 席强敏著. --
北京：光明日报出版社，2024.5. -- ISBN 978-7-5194-
7999-2

Ⅰ.F726.9

中国国家版本馆 CIP 数据核字第 2024AH8495 号

中国生产性服务业空间结构研究
ZHONGGUO SHENGCHANXING FUWUYE KONGJIAN JIEGOU YANJIU

著　　者：席强敏	
责任编辑：史　宁	责任校对：许　怡　李学敏
封面设计：一站出版网	责任印制：曹　诤

出版发行：光明日报出版社
地　　址：北京市西城区永安路 106 号，100050
电　　话：010-63169890（咨询），010-63131930（邮购）
传　　真：010-63131930
网　　址：http://book.gmw.cn
E - mail：gmrbcbs@gmw.cn
法律顾问：北京市兰台律师事务所龚柳方律师
印　　刷：三河市华东印刷有限公司
装　　订：三河市华东印刷有限公司
本书如有破损、缺页、装订错误，请与本社联系调换，电话：010-63131930

开　　本：170mm×240mm	
字　　数：195 千字	印　张：12.5
版　　次：2024 年 5 月第 1 版	印　次：2024 年 5 月第 1 次印刷
书　　号：ISBN 978-7-5194-7999-2	

定　　价：85.00 元

版权所有　　翻印必究

序

在基于价值链不同环节、工序、模块的新型国际分工和国内区域分工体系中，生产性服务业处于价值链的高端，是各个国家和地区经济增长的主要动能。随着国家"退二进三"产业调整战略的实施以及党的二十大对新时期区域协调发展提出的新要求，生产性服务业成为国家和区域产业发展的重要部分。合理的生产性服务业空间结构能够引导区域资源合理配置，促进区域经济增长和可持续发展，实现疏密有序、均衡协调、分工合理的空间发展格局。从微观视角来看，生产性服务业空间分工体系是产业链在城市之间及城市内部的空间配置，所以其空间结构的优化，可从城市群和城市内部两个层面统筹推进。

本书聚焦生产性服务业的集聚形态、均衡程度和空间分工，以提升生产性服务业、制造业和经济整体的劳动生产率为导向，从全国整体、城市群、城市和开发区等多个空间尺度实证分析生产性服务业空间结构的特征、趋势与效应，为中国生产性服务业空间发展和结构优化提出政策建议。本书结论可以为中国生产性服务业空间发展规划和结构调整提供经验依据，为完善中国生产性服务业布局的相关决策提供参考。

本书共分三大部分，八个章节。第一部分（包括第一章—第三章）在进行相关核心概念界定和文献梳理的基础上，提出研究思路，并在在全国尺度下，分别从空间集聚、空间分工与空间效应三方面探讨了中国生产性服务业空间结构的现状特征、影响因素及效应。第二部分（包括第四章—第七章）围绕生产性服务业空间结构，分别从城市群、城市、开发区等不同空间尺度，选取中国代表性区域为对象，研究了中国不同空间范围生产性服务业的空间结构特征、效应与优化方向。第四部分（包括第八章）则在前七章研究的基础上，结合中国各区域的发展实际，分别从城市层面和城市群层面，围绕如何构建职能划分合理、优势互补的生产性服务业分工格局，提出了中国生产性服务业空间结构优化的方向与建议，并探讨了生产性服务业空间分工体系的协调机制。

　　本书的研究具有丰富可靠的数据资料支撑，以中国城市统计年鉴数据为基础，利用中国经济普查数据库、中国工业企业调查数据库、人口普查数据库、投入产出表、特定产业统计年鉴等专题数据资料和中国行政单元矢量空间数据，构建了以城市、区县为地域空间单元，包含行业、人口等经济社会的空间数据库，弥补了生产性服务业行业研究数据库缺失的不足。从研究方法看，本书的研究特色在于基于 ArcGIS 平台，整合了经济社会和空间数据，从空间层面和行业层面，对研究问题的时空演化特征进行探索性空间分析，使得本书的研究更加深入全面，研究结果更为直观和具有针对性，对策路径更具可操作性。

目 录
CONTENTS

第一章 导　论 ·· 1
 第一节　研究背景与意义 ·· 1
 第二节　概念界定 ·· 3
 第三节　研究综述 ·· 5
 第四节　研究思路与章节安排 ······································ 11

第二章 中国生产性服务业空间结构的特征与演变趋势 ·········· 14
 第一节　省级层面生产性服务业空间分布特征与趋势 ········ 14
 第二节　城市层面生产性服务业空间分布特征与趋势 ········ 17
 第三节　生产性服务业与制造业的协同集聚特征 ·············· 23
 第四节　本章小结 ·· 35

第三章 中国生产性服务业模式选择对工业效率的影响 ·········· 37
 第一节　问题的提出 ··· 37
 第二节　理论分析 ·· 38
 第三节　实证模型构建 ·· 44
 第四节　实证结果分析 ·· 47
 第五节　本章小结 ·· 57

第四章 京津冀生产性服务业空间分工特征与溢出效应 …… 59
第一节 服务业空间分布的特征与问题 …… 59
第二节 生产性服务业空间分工特征 …… 69
第三节 生产性服务业空间溢出效应检验 …… 73
第四节 京津冀服务业空间优化对策 …… 84
第五节 本章小结 …… 86

第五章 京津冀生产性服务业与制造业协同集聚特征与影响因素 …… 89
第一节 问题的提出 …… 89
第二节 生产性服务业与制造业协同发展特征 …… 90
第三节 生产性服务业与制造业协同集聚的影响因素分析 …… 102
第四节 生产性服务业与制造业协同发展的方向与建议 …… 108
第五节 本章小结 …… 112

第六章 北京市生产性服务业动能提升与空间优化 …… 114
第一节 生产性服务业增长动能分析 …… 114
第二节 生产性服务业效率水平分析 …… 120
第三节 生产性服务业空间布局特征分析 …… 124
第四节 促进生产性服务业高质量发展的建议 …… 128
第五节 本章小结 …… 130

第七章 开发区政策对生产性服务业效率的影响 …… 132
第一节 问题的提出 …… 132
第二节 政策背景与理论假说 …… 138
第三节 数据说明与描述性统计 …… 145
第四节 开发区生产性服务业效率优势及其来源识别 …… 149
第五节 集聚效应和选择效应的作用机制分析 …… 161
第六节 本章小结 …… 171

第八章 中国生产性服务业空间结构优化的方向与建议 …………… 173
第一节 主要结论 …………… 173
第二节 城市层面生产性服务业空间结构优化的方向与建议 …………… 175
第三节 城市群层面生产性服务业空间结构优化的方向与建议 …………… 178
第四节 生产性服务业空间分工体系的协调机制 …………… 180

中文主要参考文献 …………… 182

英文主要参考文献 …………… 186

第一章

导　论

第一节　研究背景与意义

一、研究背景

自20世纪50年代开始,以美国为首的西方各发达国家先后进入产业结构调整阶段,服务业增加值占国内生产总值的比重不断提高,各国逐渐迈入服务经济时代。进入21世纪以来,服务业在世界产业格局中优势地位不断增强,2021年全球服务业增加值为62.18万亿美元,服务业占全球GDP比重从1970年的53%上升到2021年的67%,对全球经济增长的贡献超过了三分之二。根据国际劳工组织数据,服务业在全球总就业人数中的占比从2000年的40%上升到了2021年的50%。生产性服务业作为工业的中间投入和与工业直接相关的配套服务业,将日益专业化的人力资本和知识资本引入工业生产过程中。在基于价值链不同环节、工序、模块的新型国际分工和国内区域分工体系中,生产性服务业处于价值链的高端,成为各个国家和地区经济增长的主要推动力和重点发展方向。美国的"再工业化"、德国的"工业4.0"和法国的"新工业法国"等再工业化发展战略无不将生产性服务业作为未来发展的重要支撑产业,以此来推动工业的转型升级。

中国的生产性服务业水平虽然暂时落后于发达国家,但在经济发展中的地位正不断提升,2020年生产性服务业增加值占服务业和GDP的比重分别达到

57.1%和31.1%[①]。党的二十大报告提出"构建优势高效的服务业新体系"。国家先后出台一系列政策及指导意见，促进生产性服务业发展，推动经济的提质增效和转型升级。2014年7月28日，国务院印发《关于加快发展生产性服务业促进产业结构调整升级的指导意见》，这是国务院首次对生产性服务业发展做出的全面部署，提出要从顶层设计、市场准入等方面，加快行业创新发展，实现与关联产业更高水平的对接，坚持"市场主导、突出重点、创新驱动、集聚发展"原则，"以产业转型升级需求为导向，进一步加快生产性服务业发展"。《中国制造2025》发展战略中，明确提出将产业发展的战略关键点放到生产性服务业上来，通过打造和优化生产性服务业功能区，实现服务型制造和生产性服务业的同步提升。因此，生产性服务业的快速发展和合理布局，是中国参与国际价值链分工、推动产业结构转型升级、促进区域空间优化布局的必然选择。

二、研究意义

随着国家"退二进三"产业调整战略的实施以及党的二十大对新时期区域协调发展提出的新要求，生产性服务业成为国家和区域产业发展的重要部分，生产性服务业的合理布局成为促进区域协调发展的重要推手。产业空间结构是各产业要素在空间上的分布状况，反映了产业活动的空间特性，它在很大程度上影响着区域的经济运行效率和居民生活环境质量。对生产性服务业空间结构的本地效应、溢出效应及其优化进行深入研究，可以为国家和地区政府部门引导生产性服务业合理布局，提高经济运行效率提供决策依据和参考。

本书将聚焦于生产性服务业空间结构的效应，首先将生产性空间结构分解为形态特征、均衡程度、分工特征等维度，综合测度中国生产性服务业的空间结构。进一步整合多年份产业、空间数据，采用空间计量模型全面系统地实证检验了生产性服务业空间结构的本地效应和溢出效应，全面评价中国生产性服务业空间结构合理性的同时，为实现生产性服务业空间结构优化提供经验证据，

[①] 国家统计局在2015年公布了生产性服务业统计分类范围，并在2019年进行了修订，但没有公布相应的统计数据。此处按照国民经济行业分类，将生产性服务业的行业范围界定为交通运输、仓储和邮政业，信息传输、软件和信息技术服务业，批发和零售业，金融业，租赁和商务服务业以及科学研究和技术服务业。

以期更好地指导中国生产性服务业空间结构的优化调整。

第二节 概念界定

　　生产性服务业是作为制造业的中间投入、与制造业直接相关的配套服务业，这个产业部门本身并不向消费者提供直接的、独立的服务效用，它依附于制造业企业而存在，以人力资本和知识资本作为主要投入品，把日益专业化的人力资本和知识资本引入制造业的生产过程中。1966年美国经济学家格林菲尔德（Greenfield）在研究服务业及其分类时最早提出了与生产性服务业相似的概念即生产者服务业，指出生产性服务业又称生产者服务业，在理论内涵上是指市场化的中间投入服务，即可用于商品和服务的进一步生产的非最终消费服务。1975年，布朗宁（Browning）和辛格曼（Singelman）从功能性分类角度，对生产性服务业进行了定义，认为生产性服务业包括金融、保险、法律工商服务、经纪等具有知识密集和为客户提供专门性服务的行业[①]。

　　与生产性服务业密切关联的重要理论基础就是起源于20世纪80年代的内生增长理论。不同于哈罗德、索罗等人提出的通过劳动力、资本积累和技术进步实现经济增长的理论，内生经济增长更多关注将技术进步要素内化，从教育、创新、专业化知识等角度对经济增长进行解释。对于逐步脱离于制造业发展起来的生产性服务业来说，教育、知识积累等方式对人力资本的影响不容忽视，从这个角度来看，生产性服务业具有相当程度的内生性。目前尚未对生产性服务业进行统一定义，众说纷纭（见表1-1），对于生产性服务业的分类及外延也难以有统一准确的界定标准，但多数研究者认为生产性服务业是一种研究中间需求的服务业，其产出一般包含了人力资本和知识资本。

---

① 任娟娟，吕月英，王超杰. 生产性服务业文献综述［J］. 经济研究导刊，2012（11）：276-278.

表 1-1 生产性服务业分类情况

机构类别	生产性服务业界定类别
中国国家统计局	研发设计与其他技术服务，货物运输、通用航空生产、仓储和邮政快递服务，信息服务，金融服务，节能与环保服务，生产性租赁服务，商务服务，人力资源管理与职业教育培训服务，批发与贸易经纪代理服务，生产性支持服务
中国香港贸易发展局	专业服务、信息和中介服务、金融保险服务以及与贸易相关的服务
美国商务部（BEA）	金融保险业、信息通信业、法律服务、广告及会计服务、教育业、工程服务、政府服务
英国标准产业分类（SIC）	金融保险、专业服务、批发分配业、法律服务、废弃物处理业、货运业、会员组织
联合国国际标准产业分类	运输与仓储，信息和通信，金融和保险，房地产、出租和租赁，专业和科技活动，行政和支助服务活动，教育

注：作者根据相关资料整理。

中国对生产性服务业分类在不同阶段运用不同分类标准。2003年国家统计局颁布的《三次产业划分规定》中规定生产性服务业主要包括：交通运输；仓储和邮政服务业；房地产业；租赁和商务服务业；金融服务业；信息传输，计算机服务和软件业；科学研究和技术服务业。2015年国家统计局发布了《生产性服务业分类》标准，界定了生产性服务业的统计范围和分类。该分类包括为生产活动提供的研发设计与其他技术服务、货物运输仓储和邮政快递服务、信息服务、金融服务、节能与环保服务、生产性租赁服务、商务服务、人力资源管理与培训服务、批发经纪代理服务、生产性支持服务等10个大类、34个中类、196个小类。2019年国家统计局依据《国民经济行业分类》（GB/T 4754-2017），对《生产性服务业分类（2015）》进行了结构调整和行业编码的对应转换，并充分考虑与生活性服务业统计分类标准的衔接性，形成《生产性服务业统计分类（2019）》。该统计分类是基于四位数行业代码进行划分的，因为在研究过程中缺乏相应的四位数行业统计数据，所以暂时难以按照该统计分类进行分析。

参照现有国内外研究机构及学者对生产性服务业的研究界定，并结合中国行业的划分标准与生产性服务业产业的发展特点以及数据可得性，本研究将二位数行业代码在51—62，68—78区间内的服务业确定为生产性服务业，即交通运输、仓储和邮政业，信息传输、计算机服务和软件业，金融业，房地产业，租赁和商务服务业，科学研究、技术服务和地质勘查业六大类。为了叙述方便，本研究将以上六类生产性服务业部门分别称为交通运输业、信息服务业、金融服务业、房地产服务业、商务服务业和科技研发业。本研究中的生产性服务业的范畴已非常广泛，可以为生产性服务业空间结构研究提供一个广阔的视角。

第三节 研究综述

随着世界经济从"工业经济"向"服务经济"的转型以及社会分工专业化程度的提高，生产性服务业逐渐从原来的制造业中分离出来，成为区域经济发展中占据重要战略地位的产业部门。从空间角度对生产性服务业的研究开始成为研究的热点，克里斯塔勒（Christaller）的中心地理论、阿隆索（Alonso）的竞租理论等奠定了重要的理论研究基础。现有相关研究主要从生产性服务业的空间集聚形态、空间分工结构、与制造业的空间分布关系，以及空间结构的效应等角度展开。

一、生产性服务业的空间集聚形态研究

集聚是产业活动在空间层面上的一个重要特征，从早期的马歇尔（Marshall）的外部性理论，到近年来出现的以克鲁格曼（Krugman）为代表的新经济地理学理论，关于制造业的空间集聚理论已经建立了一个比较成熟的研究框架，生产性服务业的空间集聚研究起步相对较晚。众多学者对生产性服务业的空间分布特征展开了研究[1][2]，其中比较共通的结论是交易成本的节约、信息

---

[1] COFFEY W J. The geographies of producer services [J]. Urban Geography, 2000, 21 (2): 170-180.

[2] KOLKO J. Urbanization, agglomeration, and coagglomeration of service industries [M]. Chicago: University of Chicago Press, 2010: 151-180.

交流的便捷、创新的可能性等因素使得生产性服务业倾向于在大都市区集聚，集聚特征相对于其他服务业部门而言比较明显。国内学者中，欧雪银等[①]、秦建群和夏春玉[②]等从全国层面分别基于国际竞争力市场分割的视角，对生产性服务业空间集聚的特征和影响因素进行了测度分析。李佳洺、孙铁山和张文忠[③]通过区位基尼系数和空间自相关性分析，发现中国生产性服务业在地理空间中整体呈现点状集中的模式，其中，信息服务业和商务服务业是首位城市集聚模式，科研技术服务业和房地产业是位序规模分布的模式，金融业则是均衡分布的模式。

部分学者以某个城市群为研究对象对生产性服务业的空间分布及演化进行分析[④]。针对具体城市的研究也相对较多：闫小培和钟韵基于对广州生产性服务业机构的抽样问卷调查得出广州作为珠江三角洲的中心城市，其生产性服务业的外部市场具有随距离衰减的特征[⑤]；邱灵和方创琳运用泰勒系数、空间基尼系数、赫芬达尔指数、空间自相关模型和地理联系率对北京市生产性服务业空间集聚进行了综合测度[⑥]；陈红霞基于第二次和第三次经济普查的数据，以邮区为基本空间单元，对北京市生产性服务业空间格局演变的影响因素进行了实证分析[⑦]；张志斌等则以兰州市为例，运用工商企业登记数据，采用基于距离的产业集聚研究方法，分析了兰州市生产性服务业空间布局、集聚特征及其影响因素[⑧]。

[①] 欧雪银，张雪滢，孙珂珂，等. 中国生产性服务业国际竞争力空间分布格局及其影响因素 [J]. 经济地理，2022，42（11）：114-123.

[②] 秦建群，夏春玉. 交通基础设施如何影响生产性服务业空间集聚？基于市场分割视角 [J]. 财贸研究，2022，33（5）：31-44.

[③] 李佳洺，孙铁山，张文忠. 中国生产性服务业空间集聚特征与模式研究：基于地级市的实证分析 [J]. 地理科学，2014（4）：385-393.

[④] 吴佩，吴雪桦. 长三角城市群生产性服务业的空间分布及演化 [J]. 华东经济管理，2022，36（12）：35-43.

[⑤] 闫小培，钟韵. 区域中心城市生产性服务业的外向功能特征研究：以广州市为例 [J]. 地理科学，2005（5）：27-33.

[⑥] 邱灵，方创琳. 北京市生产性服务业空间集聚综合测度 [J]. 地理研究，2013（1）：99-110.

[⑦] 陈红霞. 北京市生产性服务业空间格局演变的影响因素分析 [J]. 经济地理，2019，39（4）：128-135.

[⑧] 张志斌，公维民，张怀林，等. 兰州市生产性服务业的空间集聚及其影响因素 [J]. 经济地理，2019，39（9）：112-121.

二、生产性服务业的空间分工结构研究

随着区域发展一体化趋势的出现，生产性服务业在区域内的空间分工问题引起了众多学者的研究兴趣。国外学者以悉尼大都市区、吉隆坡都市区和亚太地区都市区等为例，研究了生产性服务业的空间分工结构对都市区空间结构的影响，结果均表明生产性服务业空间分工的演变和发展会带来都市区整体空间格局的改变和重新调整，是都市区内城市体系结构重塑的主要推动力[1][2]。张旺和申玉铭[3]、刘岳平和文余源[4]、吕珺[5]以京津冀地区为例，樊福卓[6]、肖沛余[7]以长江三角洲地区为例，王鹏和魏超巍[8]、钟虹芳[9]以珠江三角洲为例，均对都市圈内生产性服务业的分工结构进行了探讨，研究大多发现生产性服务业在都市圈内不同层级城市的分布具有非均衡性，生产性服务业的空间分布与城市等级之间具有内在的联系，生产性服务业发展水平越高，其所属城市的服务功能和中心性就越强。张丹等[10]基于第二次经济普查中分县市区细分行业就业人口数据，运用区域密度函数得出京津冀地区的生产性服务职能高度集中于北京，

---

[1] SIRAT M. Producer services and growth management of a metropolitan region [J]. Asia Pacific Viewpoint, 1998, 39 (2): 221-235.
[2] DANIELS P W, HO K C, HUTTON T A. Service industries and Asia-Pacific cities: new development trajectories [M]. London: Routledge, 2005.
[3] 张旺, 申玉铭. 京津冀都市圈生产性服务业空间集聚特征 [J]. 地理科学进展, 2012 (6): 742-749.
[4] 刘岳平, 文余源. 京津冀生产性服务业转移与空间结构变迁 [J]. 经济问题探索, 2017 (9): 69-77.
[5] 吕珺. 京津冀地区生产性服务业集聚及区域差异研究 [D]. 济南: 山东大学, 2018.
[6] 樊福卓. 长江三角洲地区服务业分工分析 [J]. 当代经济管理. 2009 (8): 53-56.
[7] 肖沛余. 生产性服务业集聚与区域空间重构 [D]. 南京: 南京大学, 2018.
[8] 王鹏, 魏超巍. 城市群生产性服务业的空间集聚特征: 以珠三角城市群为例 [J]. 城市问题, 2016 (8): 14-22, 57.
[9] 钟虹芳. 珠三角城市群生产性服务业层级分工对制造业效率的影响研究 [D]. 杭州: 浙江工业大学, 2020.
[10] 张丹, 孙铁山, 李国平. 中国首都圈区域空间结构特征: 基于分行业就业人口分布的实证研究 [J]. 地理研究, 2012 (5): 899-908.

呈现出以北京为中心的单中心结构。宋昌耀等[1]为探究超大城市生产性服务业空间分工机理及效应，基于北京各区数据和地区相对专业化指数等方法分析北京生产性服务业空间分工特征。

三、生产性服务业与制造业的空间协同分布研究

作为制造业的中间投入，生产性服务业与制造业的关系日益紧密，呈现互动发展的态势[2][3]，生产性服务业的空间结构与制造业的布局存在非常紧密的联系。陈国亮[4]基于生产性服务业与制造业之间在空间上的互补效应和挤出效应，初步构建了一个生产性服务业与制造业的集聚模型。现有相关研究主要分为三个方面：

（1）探究生产性服务业集聚对制造业发展的相关影响。韩峰和阳立高[5]构建了一个集聚经济与熊彼特内生增长理论的综合框架，探究生产性服务业集聚对制造业结构升级的影响；宣烨等[6]、乔彬等[7]、高康和原毅军[8]、黄先海和诸竹君[9]等也从理论和实证层面探究了中国生产性服务业空间集聚对制造业升级

---

[1] 宋昌耀，罗心然，席强敏，等．超大城市生产性服务业空间分工及其效应分析：以北京为例［J］．地理科学，2018，38（12）：2040-2048．

[2] 吕政，刘勇，王钦．中国生产性服务业发展的战略选择：基于产业互动的研究视角［J］．中国工业经济，2006（8）：5-12．

[3] 高觉民，李晓慧．生产性服务业与制造业的互动机理：理论与实证［J］．中国工业经济，2011（6）：151-160．

[4] 陈国亮．新经济地理学角度的生产性服务业集聚［D］．杭州：浙江大学，2009．

[5] 韩峰，阳立高．生产性服务业集聚如何影响制造业结构升级？：一个集聚经济与熊彼特内生增长理论的综合框架［J］．管理世界，2020（2）：72-94，219．

[6] 宣烨，余泳泽．生产性服务业集聚对制造业企业全要素生产率提升研究：来自230个城市微观企业的证据［J］．数量经济技术经济研究，2017，34（2）：89-104．

[7] 乔彬，张蕊，雷春．高铁效应、生产性服务业集聚与制造业升级［J］．经济评论，2019，220（6）：80-96．

[8] 高康，原毅军．生产性服务业空间集聚如何推动制造业升级？［J］．经济评论，2020，224（4）：20-36．

[9] 黄先海，诸竹君．生产性服务业推动制造业高质量发展的作用机制与路径选择［J］．改革，2021，328（6）：17-26．

和高质量发展的影响；曾艺和韩峰[1]、陈丽娴和阳扬[2]则分别探讨了生产性服务业集聚对制造业出口产品质量升级和企业异地投资的影响；（2）测度生产性服务业与制造业的协同集聚程度。孙正等[3][4]基于产业与城市群的视角，运用灰色预测模型与产业协同集聚相对指数法测算我国生产性服务业与制造业的协同融合程度，并对生产性服务业与制造业协同融合程度的影响因素进行了实证分析；罗良文和孙小宁[5]则基于微观企业数据分析了生产性服务业与制造业协同集聚、融合发展的效率。（3）生产性服务业与制造业协同集聚的效应分析。汤长安等[6]、张虎和韩爱华[7]、王文成和隋苑[8]、郭然和原毅军[9]分别对生产性服务业与制造业协同集聚对区域经济增长、空间协调、创新效率和环境污染的影响进行了理论与实证探讨。

四、生产性服务业空间结构的效应研究

空间结构是空间组织的结果，空间效应是衡量空间秩序与结构优劣的尺子。空间组织与空间结构的研究始终是经济地理研究的核心内容之一，但关于空间

---

[1] 曾艺，韩峰. 生产性服务业集聚与制造业出口产品质量升级 [J]. 南开经济研究，2022，229（7）：23-41.
[2] 陈丽娴，阳扬. 生产性服务业空间关联促进了制造业企业异地投资吗？[J]. 财经研究，2023，49（3）：140-154.
[3] 孙正，杨素，刘瑾瑜. 我国生产性服务业与制造业协同融合程度测算及其决定因素研究 [J]. 中国软科学，2021，367（7）：31-39.
[4] 孙正，岳文浩，霍富迎. 我国生产性服务业与制造业协同集聚程度测算研究：基于产业与城市群的视角 [J]. 统计研究，2022，39（3）：21-33.
[5] 罗良文，孙小宁. 生产性服务业与制造业协同集聚、融合发展的效率分析：基于微观企业数据的实证研究 [J]. 学术研究，2021，436（3）：100-107.
[6] 汤长安，邱佳炜，张丽家，等. 要素流动、产业协同集聚对区域经济增长影响的空间计量分析：以制造业与生产性服务业为例 [J]. 经济地理，2021，41（7）：146-154.
[7] 张虎，韩爱华. 制造业与生产性服务业耦合能否促进空间协调：基于285个城市数据的检验 [J]. 统计研究，2019，36（1）：39-50.
[8] 王文成，隋苑. 生产性服务业和高技术产业协同集聚对区域创新效率的空间效应研究 [J]. 管理学报，2022，19（5）：696-704.
[9] 郭然，原毅军. 生产性服务业集聚、制造业集聚与环境污染：基于省级面板数据的检验 [J]. 经济科学，2019，229（1）：82-94.

效率的研究则比较薄弱①。国外关于生产性服务业空间结构的效应研究主要是从其作用的机理出发,研究认为生产性服务业的空间布局可以变革区域生产方式,塑造区域创新系统,提高区域生产力和改善区域竞争力,协调和控制专业化生产过程并获取范围经济②。生产性服务业分布不平衡以及服务行业的功能差异所产生的区域性影响是不同的,分布差异可促进核心—边缘模式的形成,而行业差异使区域经济的服务功能存在明显的等级性和层级性③。区域核心区和外围区在生产性服务功能上质的不同,可促进区域内的劳动空间分工和产业地域分工。国内学者也对生产性服务业空间结构的效应进行实证研究,张涛等④、李兰冰和刘瑞⑤、丁凡琳和赵文杰⑥分别实证检验了中国生产性服务业空间集聚对城市经济高质量发展、制造业韧性提升和达到碳达峰的促进效应。黄繁华和郭卫军⑦、李勇辉等⑧、毛艳华等⑨则分别以长三角、长江经济带和粤港澳大湾区为研究对象,实证分析了城市群生产性服务业网络结构和空间集聚产生的经济增长和技术创新促进效应。

---

① 金凤君. 空间组织与效率研究的经济地理学意义 [J]. 世界地理研究, 2007 (4): 55-59.
② FRANCOIS J F. Trade in producer services and returns due to specialization under monopolistic competition [J]. Canadian Journal of Economics, 1990, 23 (1): 109-124.
③ DANIELS P W, HO K C, HUTTON T A. Service industries and Asia-Pacific cities: new development trajectories [M]. London: Routledge, 2005.
④ 张涛, 司秋利, 冯冬发. 生产性服务业集聚、空间溢出与城市经济高质量发展 [J]. 求是学刊, 2022, 49 (2): 78-93.
⑤ 李兰冰, 刘瑞. 生产性服务业集聚与城市制造业韧性 [J]. 财经科学, 2021, 404 (11): 64-79.
⑥ 丁凡琳, 赵文杰. 生产性服务业集聚能否助力碳达峰?: 基于中国地级市数据的空间分析 [J]. 城市发展研究, 2023, 30 (1): 123-132.
⑦ 黄繁华, 郭卫军. 空间溢出视角下的生产性服务业集聚与长三角城市群经济增长效率 [J]. 统计研究, 2020, 37 (7): 66-79.
⑧ 李勇辉, 沈波澜, 胡舜, 等. 生产性服务业集聚空间效应与城市技术创新: 基于长江经济带108个城市面板数据的实证分析 [J]. 经济地理, 2021, 41 (11): 65-76.
⑨ 毛艳华, 信超辉, 卓乘风. 粤港澳大湾区及周边城市生产性服务业空间网络结构及经济效应研究 [J]. 广东社会科学, 2022, 216 (4): 26-37.

五、研究评述

从目前研究现状与进展来看，虽然生产性服务业空间结构的相关研究取得了一些比较成熟的成果，但总体而言相比于制造业的研究还不够系统全面，尤其在生产性服务业空间结构的理论上还没有建构起相对成熟的研究框架，方法上多以案例归纳和指标测算等描述性分析获得生产性服务业空间结构方面的认识，并缺乏对生产性服务业空间结构的本地效应和溢出效应进行系统全面的实证检验。同时，随着产业分工的不断深化和细分，新的生产性服务业类型不断涌现，由于不同类别与性质的生产性服务行业的空间结构分布及其空间效应各不相同，个案分析也尤为重要，生产性服务业各行业的空间结构差异分析有待深入。

第四节　研究思路与章节安排

本书试图构建生产性服务业空间结构演化的分析框架，并聚焦生产性服务业的集聚形态、均衡程度和空间分工，以提升生产性服务业、制造业和经济整体的劳动生产率为导向，从全国整体、城市群、城市和开发区等多个空间尺度实证分析生产性服务业空间结构的特征、趋势与效应，为中国生产性服务业空间发展和结构优化提出政策建议。理论上，本书有助于深化对生产性服务业空间结构演化的理论认识。实践上，可以为中国生产性服务业空间发展规划和结构调整提供经验依据，为完善中国生产性服务业布局的相关决策提供参考。

本书是一个以生产性服务业为特定的研究对象，涉及城市与区域经济学、经济地理学、城市规划等多学科领域的跨学科综合性应用研究。本研究既从理论层面论述了生产性服务业空间集聚的内在机理、生产性服务业空间分工的作用机制、生产性服务业与制造业空间协同集聚的模式等关键问题，又基于大量实证分析，深入揭示了中国生产性服务业空间结构演化的内在规律和空间溢出效应，丰富了生产性服务业空间结构的案例研究，并且为经典理论模型提供了现实支撑。课题研究按全国篇、空间篇、对策篇三个研究模块展开，理论与实证研究、定性与定量分析相结合，从多维解剖中国生产性服务业空间结构的演化特征、溢出效应与优化方向，主要研究内容如下：

第一部分，全国篇。本部分在全国尺度下，分别从空间集聚、空间分工与空间效应三方面探讨了中国生产性服务业空间结构的现状特征、影响因素及效应，包括两章内容：（1）中国生产性服务业空间结构的特征与演变趋势研究。从省级层面和城市层面综合分析了中国生产性服务业空间集聚与分工的行业特征和区域特征，并在分析生产性服务业与制造业间的产业互动与空间协同分布机理的基础上，对中国生产性服务业与制造业的空间分布关系进行了测度分析。（2）中国生产性服务业模式选择对工业效率的影响研究。构建了生产性服务业模式选择与工业效率提升的分析框架，并基于城市面板数据，运用空间面板计量模型实证研究了工业效率提升导向下中国城市生产性服务业的模式选择。

第二部分，空间篇。本部分分别从城市群、城市、开发区等不同空间尺度，选取中国代表性区域为对象，研究了中国不同空间范围生产性服务业的空间结构特征、效应与优化方向。本篇由四章构成（1）京津冀生产性服务业空间分工特征与溢出效应研究。梳理了城市群生产性服务业分工的相关基础理论，测算了京津冀生产性服务业分工的空间特征与行业特征，并基于空间面板计量模型，实证检验了生产性服务业各行业在京津冀地区城市之间的空间外溢效应，以此判断各行业分工结构的合理性。（2）京津冀生产性服务业与制造业协同集聚特征与影响因素。在将产业的经济属性和地理属性综合起来分析生产性服务业与制造业协同发展机理的基础上，从城市和区县两个空间尺度揭示京津冀地区生产性服务业与制造业的协同发展特征，并以天津市为例实证验证了外部性对生产性服务业与制造业协同集聚的影响。（3）北京市生产性服务业动能提升与空间优化研究。结合历次经济普查数据与经济统计数据，对北京市三次产业结构和生产性服务业内部结构变动进行分析，以明确当前北京生产性服务业增长动能的现状和特点，对其增长动能与效率水平的变化趋势进行研判，并与上海、深圳等城市进行横向对比分析，继而揭示目前存在的突出问题，提出面向经济高质量发展的生产性服务业优化提升策略。（4）开发区政策对生产性服务业效率的影响研究。基于"新"新经济地理理论，构建开发区影响生产性服务业效率的理论机制，继而利用145万余家生产性服务企业数据，综合运用工具变量法、"无条件分布特征-参数对应"和广义负二项回归等方法实证估计开发区生产性服务业效率优势的存在性及其来源，并分别从与制造业的产业关联和异质性企业选址的视角验证开发区集聚和选择效应的作用机制和贡献率，评价了区位导向型政策对生产性服务业发展的有效性。

  第三部分，对策篇。本部分在前文对中国生产性服务业空间结构特征与效应实证研究的基础上，结合中国各区域的发展实际，分别从城市层面和城市群层面，围绕如何构建职能划分合理、优势互补的生产性服务业分工格局，提出了中国生产性服务业空间结构优化的方向与建议，并探讨了生产性服务业空间分工体系的协调机制。

第二章

中国生产性服务业空间结构的特征与演变趋势

生产性服务业处于基于价值链的产业链分工体系中的高附加值环节，是当今产业国际竞争的焦点和全球价值链中的主要增值点、盈利点。由于生产性服务业部门与制造业产业联系紧密，两大产业部门在空间布局上也随之存在紧密联系，生产性服务业在区域产业空间布局中日益发挥着重要的功能。虽然中国的生产性服务业水平远落后于西方发达国家，但生产性服务业在经济发展中的地位在不断提升，已成为中国未来经济增长的重点发展方向。本章将利用全国省级层面和地级城市层面的面板数据，深入探讨中国生产性服务业的空间分布特征，并在分析生产性服务业与制造业间的产业互动与空间协同分布机理的基础上，对中国生产性服务业与制造业的空间分布关系进行了测度分析。

第一节 省级层面生产性服务业空间分布特征与趋势

改革开放之前，中国实施向内地倾斜、均衡布局的区域发展战略，形成了沿海和内地两大板块的经济空间格局。改革开放之后，由于实施东部沿海地区优先发展的战略，中国区域经济总体呈现出不均衡的增长格局，区域差距不断扩大。21世纪以来，国家先后实施了西部大开发、东北等老工业基地振兴、中部崛起等旨在缩小区域差异的区域政策，使得我国区域间差距呈现缩小态势，区域发展格局从东部沿海化的非均衡发展逐步向东、中、西部相对均衡发展转变，中西部地区占全国的经济份额在近些年来都保持增长态势，与东部沿海地区的差距逐渐缩小。本节将从省级层面，对中国生产性服务业的空间分布特征与演变趋势进行分析。

一、服务业空间分布从东部沿海化的非均衡发展向东、中、西部相对均衡发展转变的态势明显，东北地区服务业发展相对不足

从服务业在四大区域层面的空间分布来看，2022年东部地区服务业增加值占全国经济的份额高达51.7%，占到一半以上，但是从变动趋势来看（见图2-1），2000年—2022年期间东部地区的服务业份额下降了1.7个百分点。与此同时，东北地区服务业发展相对不足，2022年服务业增加值占全国的份额仅为4.8%，且在2000年—2022年期间份额一直处于下降态势，共下降了4.6个百分点。随着中西部地区产业结构调整的推进，中、西部地区服务业增加值占全国的份额上升明显，2022年比2000年分别上升了2.7和3.7个百分点，与东部地区的差距在不断缩小。

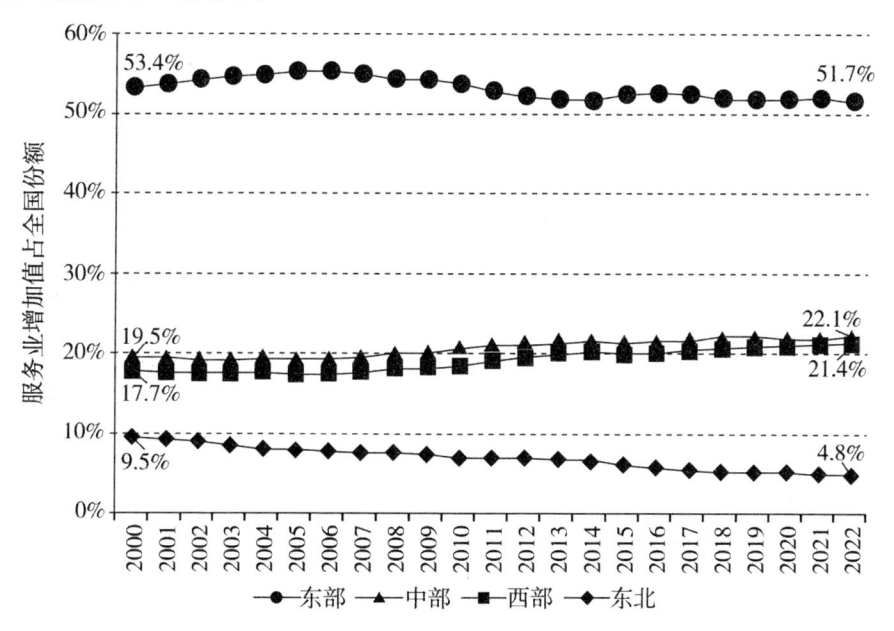

图2-1 2000—2022年中国四大区域服务业增加值占全国的份额

资料来源：根据国家统计局数据测算。

二、广东、江苏和山东的服务业规模相对较大，东北三省和京津冀地区服务业占全国份额均处于下滑态势

服务业在省级行政单元层面布局较为集中，2022 年广东、江苏和山东三个省服务业增加值占全国的份额分别为 10.7%、10.2% 和 7.3%，合计 28.2%（见图 2-2），但从 2010 年—2022 年的变动趋势来看，服务业的集中度有所下降，广东和山东的服务业份额分别下降了 0.4 和 0.9 个百分点。东北三省服务业占全国的份额在 2010 年—2022 年均有所下降，其中辽宁下滑严重，份额降幅在全国排名第一。另外，京津冀地区的两市一省服务业的份额也均下降，占全国的份额共降低了 1.3 个百分点，其中河北下降了 0.8 个百分点，降幅在全国排名第三。

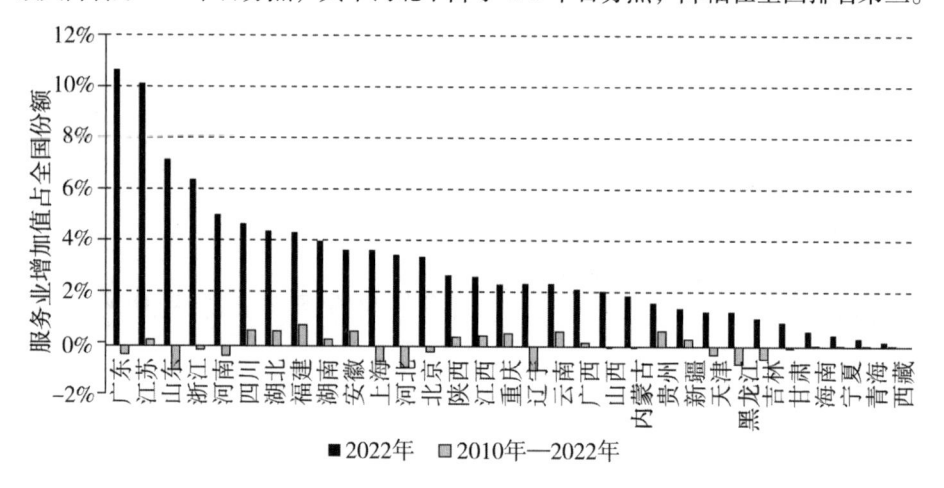

图 2-2　2022 年中国各省服务业增加值占全国的份额及 2010 年—2022 年的份额变动

资料来源：根据国家统计局数据测算。

三、生产性服务业就业人员主要分布在三大城市群，且仍处于进一步集聚的态势

考虑到数据的可得性，本书以就业人数占全国的份额来衡量生产性服务业在省级层面的空间分布。如图 2-3 所示，生产性服务业主要集中分布在广东、北京和上海三个东部沿海发达地区，三地生产性服务业就业人员份额合计 31.0%，江苏和浙江的份额分别位列第四和第五。三大城市群所在的省市生产性服务业就业人员的份额合计 47.6%，且从动态上呈现进一步集聚态势，2010

年—2021年期间份额上升了4.0个百分点。随着城市减量发展的深入推进，北京市生产性服务业就业人员占全国份额下降幅度较大，在全国省级单元中位列第一，2010年—2021年降低了2.7个百分点，排名由第一下降至第二。

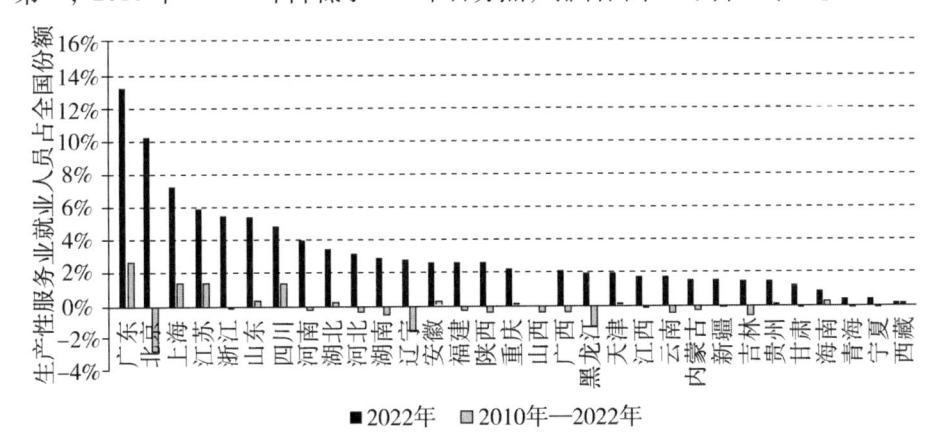

图2-3　2021年中国各省生产性服务业就业人数占全国份额及2010年—2021年份额变动
资料来源：根据国家统计局数据测算。

第二节　城市层面生产性服务业空间分布特征与趋势

本节将从城市层面对中国生产性服务业各行业的空间分布特征与趋势进行测度分析。由于《国民经济行业分类》（GB/T 4754-2002）与《国民经济行业分类》（GB/T 4754-1994）相比，关于服务业细分行业的分类发生了较大的调整，这种调整使得2003年前后生产性服务业细分行业的数据可比性较低。另外，生产性服务业细分行业数据来源于《中国城市统计年鉴》，但2020年之后的《中国城市统计年鉴》不再公布生产性服务业细分行业数据，所以本节研究的时间段是从2003年至2019年。

一、生产性服务业主要集中在区域性中心城市，高端生产性服务业的集聚特征更明显

从2019年生产性服务业在全国城市中的空间分布情况可以看出，生产服

务业主要集中在区域中心城市①，2019年区域中心城市的生产性服务业就业人数占全国的份额高达56.0%（见图2-4），就业密度是非区域中心城市生产性服务业就业密度的13.0倍。从生产性服务业各行业来看，信息服务业、科技服务业和商务服务业三个高端生产性服务业在区域中心城市集聚的特征最为显著，占全国份额分别高达73.6%、66.9%和61.9%，就业密度分别是非区域中心城市的25.7倍、15.5倍和15.0倍。

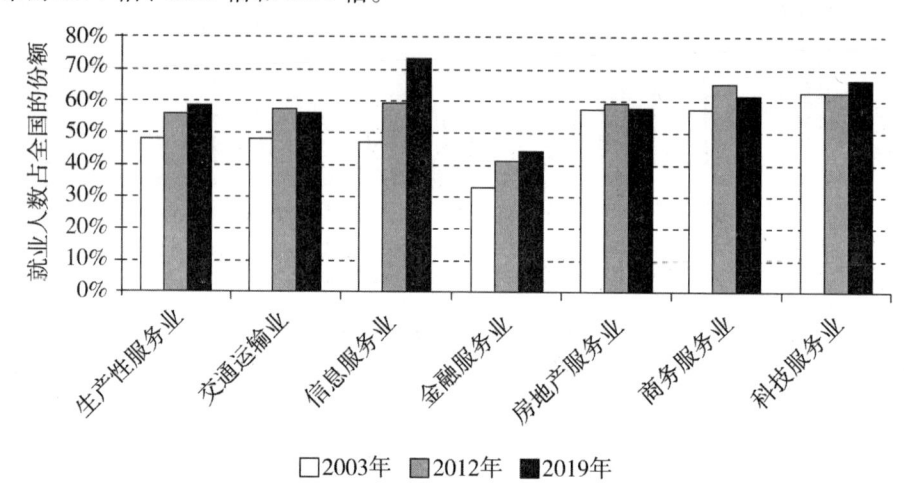

图2-4 2003年、2012年、2019年区域中心城市生产性服务业各行业就业人数占全国份额

资料来源：根据《中国城市统计年鉴》数据测算。

从生产性服务业份额的时序变化上来看，生产性服务业向区域中心城市集聚的特征越来越显著，2003年—2019年，中心城市生产性服务业占全国的份额上升了10.3个百分点，其中信息服务业向区域中心城市加速集聚的特征最为突出，份额上升了26.7个百分点。从空间上看，重庆、深圳、上海、广州、杭州五个中心城市的生产性服务业在2003年—2019年的份额上升最大，分别上升了3.1、2.6、1.8、1.6和1.0个百分点。未来随着全国各大都市圈的不断形成和发展，服务业圈层发展的特征将更加明显。区域性中心城市应主要发挥信息、科技、金融、商务等高等级服务职能，满足周边中小城市的服务需求；中小城

---

① 把各省的行政中心（即省会城市）和直辖市作为各区域的中心城市。

市不能过于强调服务职能的多样化,而应主要满足本地的基本服务功能。

二、知识密集型生产性服务业分布呈现等级规模结构,金融服务业和交通运输业的地域分工相对分散

从生产性服务业各行业的分布来看,信息服务业、科技服务业、商务服务业这三个知识密集型行业的地域分工模式符合中心地理论特点,呈现等级规模结构,比较优势主要集中在少数城市;而金融服务业和交通运输业的地域分工相对分散,金融服务作为重要的中间投入服务,在一半以上地级城市均属于比较优势行业,交通运输则随着我国交通网络的快速建设,具备比较优势的城市范围得到扩大,且大部分连接成片。

为了揭示我国生产性服务业地域分工体系中各行业高等级服务中心的空间分布,综合考量行业规模和比较优势两个维度,以各城市分行业就业人员占全国份额位居前5.0%,以及行业相对专业化程度大于1.20为界限,综合判断各行业的高等级服务中心:(1)北京在全国生产性服务业地域分工体系中处于最高等级的服务中心地位,信息服务和科技服务这两个知识密集型生产性服务行业的从业人员规模均处于全国城市首位,并具有比较优势;(2)从地区分布来看,高端生产性服务业的服务中心基本分布在三大城市群的核心城市,交通运输业的中心城市分布相对分散,且都分布在中西部和东北地区。

表2-1 2019年生产性服务各行业的高等级服务中心城市

	城市	重庆	西安	六安	乌鲁木齐	沈阳	哈尔滨		
交通运输业	份额	3.0%	2.4%	1.9%	1.7%	1.6%	1.5%		
	区位商	1.32	1.20	2.87	2.43	1.68	1.45		
信息服务业	城市	北京	上海	深圳	成都	杭州	南京	武汉	大连
	份额	18.8%	9.1%	6.6%	5.7%	3.9%	3.8%	2.1%	1.7%
	区位商	1.70	1.21	1.61	1.28	1.87	2.10	1.38	1.95
金融服务业	城市	青岛	长沙	佛山	宁波	大连			
	份额	1.5%	1.3%	1.1%	1.1%	1.0%			
	区位商	1.54	1.30	1.52	1.28	1.20			

	城市	深圳	广州	杭州	武汉	苏州	东莞		
房地产服务业	份额	5.3%	5.3%	2.6%	2.0%	1.6%	1.2%		
	区位商	1.29	1.22	1.22	1.28	1.42	1.32		
	城市	上海	广州	成都	东莞	哈尔滨	合肥		
商务服务业	份额	11.2%	6.0%	5.9%	1.8%	1.4%	1.2%		
	区位商	1.48	1.39	1.32	2.03	1.32	1.24		
	城市	北京	西安	武汉	南京	郑州	济南	长沙	保定
科技服务业	份额	15.7%	2.8%	2.3%	2.2%	1.7%	1.5%	1.5%	1.4%
	区位商	1.42	1.40	1.47	1.21	1.36	1.38	1.48	2.78

资料来源：根据《中国城市统计年鉴》数据测算。

三、生产性服务业各行业的集聚特征呈现明显差异，2012—2019年生产性服务业的空间集聚程度有所下降

本节将从城市层面对中国生产性服务业各部门的空间集聚水平进行测度分析，以揭示中国生产性服务业空间集聚的行业特征。关于产业集聚的度量基于不同的角度有不同的测算方法，如从企业角度来看，可以通过赫芬达尔指数衡量，从行业角度来看，则可以通过空间基尼系数来衡量，尽管E-G系数综合考虑了企业和行业两个维度[①]，而且服务业集聚的二维评价模型也认为E-G系数是检验服务业集聚程度的较好指数，但该指数测度需要微观企业数据支撑。本节用空间基尼系数测算中国生产性服务业的集聚程度，计算方法如下：

$$G = \sum_i (s_i - x_i)^2 \qquad 式（2-1）$$

式（2-1）中，G为空间基尼系数；s_i为i地区某产业就业人数占全国该产业总就业人数的比重，x_i为该地区就业人数占全国总就业人数的比重。空间基尼系数越大说明集聚度越高，系数越小说明集聚度越低（$0 \leq G \leq 1$）。本书利用2003年—2019年中国284个地级及以上城市生产性服务业各行业的就业人口数据，测算了全国生产性服务业及其各行业的空间基尼系数，以揭示中国生产性

[①] ELLISON G, GLAESER E L. Geographic concentration in U. S. manufacturing industries：a dartboard approach [J]. Journal of Political Economic，1997，105（5）：889-927.

服务业空间分布的行业特征。由表 2-2 和图 2-5 的测算结果可以发现如下规律：

（1）不同的生产性服务业部门的空间集聚程度表现出很大的差异性。生产性服务业部门的空间分布与其服务对象的分布密切相关，各生产性服务业部门由于服务对象的不同及与服务对象交易方式的不同，决定了各生产性服务业部门集聚程度的差异性。在六个生产性服务业部门中，2019 年空间集聚程度最高的部门是信息服务业，其空间基尼系数为 0.02756，而集聚程度最低的金融服务业空间基尼系数仅为 0.00271，前者是后者的 10.2 倍。其中信息服务业集聚水平增幅最大，从 2003 年的 0.00958 增加到了 2012 年的 0.03376，增长了 2.5 倍

根据生产性服务业各行业空间基尼系数的差异性，可以将六个生产性服务业部门分成两种类型。①高集聚性部门：商务服务业、信息服务业、科技研发业。这三个知识密集型生产性服务业部门显示出较高的集聚性，这些行业的信息技术嵌入程度比较高，其产品具有高度信息化的特点，可以进行远程传输或在虚拟空间提供服务，信息技术的使用带来的虚拟空间会削弱面对面服务的必要性，从而扩大每个企业的服务半径，进而使得这些行业的空间集聚程度比较高。②低集聚性部门：交通运输业、金融服务业和房地产服务业。这些行业的最大特征就是它们提供的服务都是接触紧密型服务，服务提供点需尽可能地靠近服务对象，服务提供者必须面向消费者提供个性化的服务。接触紧密型的服务需求使得交通成本成为影响消费者选择的一个重要因素，一个企业能够辐射的范围也就非常有限，这就造成行业在区域分布上越来越均匀，行业的区域集聚程度也就相对较低。金融服务业分为两种：一种是向居民提供的金融服务；另一种是向企业提供的金融服务。目前中国的金融业尚未成熟，向居民提供的金融服务占相当大的比重，因此金融业的分布也主要围绕着居民均匀布局，行业的集聚程度较低。

（2）从生产性服务业各行业空间基尼系数的变化可以发现：2003 年—2012 年期间除房地产服务业的空间集聚水平下降以外，其余五个行业的空间集聚水平都有提高，其中信息服务业集聚水平增幅最大，从 2003 年的 0.010 增加到了 2012 年的 0.034，增长了 2.4 倍，信息服务业等高知识密集型产业部门越来越集中于大城市。然而 2012 年—2019 年则反映出各行业的集聚程度基本呈现下降态势（除金融服务业外），空间分布的均衡程度有所提高。

表 2-2　2003 年—2019 年中国生产性服务业各行业空间基尼系数

年份 行业	2003 年	2012 年	2019 年	2003 年—2012 年变化	2012 年—2019 年变化
交通运输业	0.00241	0.00480	0.00403	0.00239	-0.00077
信息服务业	0.00958	0.03376	0.02756	0.02418	-0.00620
金融服务业	0.00121	0.00238	0.00271	0.00117	0.00033
房地产服务业	0.01390	0.00996	0.00456	-0.00394	-0.00540
商务服务业	0.02871	0.02909	0.01159	0.00038	-0.01750
科技研发业	0.01431	0.01811	0.01572	0.00380	-0.00239

资料来源：根据《中国城市统计年鉴》数据测算。

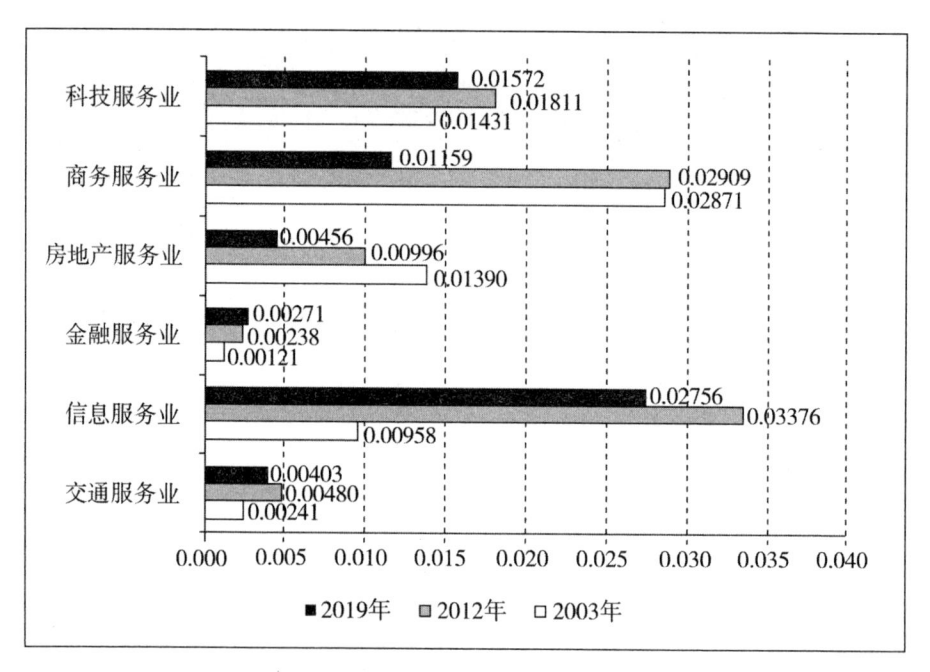

图 2-5　2003 年、2012 年和 2019 年中国生产性服务业各行业空间基尼系数
资料来源：根据《中国城市统计年鉴》数据测算。

第三节 生产性服务业与制造业的协同集聚特征

生产性服务业和制造业在产品生产及销售过程中的相互联系决定了它们在产业发展中的互动关系，也进一步决定了它们在空间布局上的关联性。本节将从产业发展和空间选址两个角度来分析生产性服务业与制造业之间的协同发展机理。

一、生产性服务业与制造业产业互动发展机理

（一）生产性服务业对制造业产业发展的作用机理

生产性服务业为制造业提供专业化的生产性服务，可以降低制造业的生产成本和交易成本，并有助于构筑制造业差异化竞争优势（见图2-6）。

第一，降低了制造业的生产成本。生产性服务业从制造业内部独立出来是劳动分工不断细化的结果，随着生产性服务业独立出来后专业化程度的不断提高，制造业就能在市场上获得较为专业化的生产性服务，从而可以专注于其制造生产环节，而将处于非核心业务环节的生产性服务，比如法律咨询、金融服务等服务环节从制造业内部剥离出来，外包给市场上的生产性服务企业。由于生产性服务环节的固定投入成本较高，制造业企业把这些自身专业化程度不高且利用率较低的服务环节外包出去后，使原本投资在生产性服务环节上的固定成本转化为按需定制的可变成本，这在一定程度上降低了制造业企业的生产总成本，提高了制造业企业资源的利用效率。

同时，当大量制造业企业将生产性服务环节外包给生产性服务企业时，生产性服务业可以大量采购生产性服务所需的高端设备和招聘相关的高层次专业化人才，并且将由此产生的大量培训成本、科技研发成本等相关成本分摊到各个制造业企业。在规模经济效应的作用下，生产性服务业可以以较低的单位成本提供较优质的生产性服务，从而使得制造业企业对生产性服务的外包成本降低，企业的生产效率提高。

第二，降低了制造业的交易成本。随着社会分工和专业化程度的不断深化，

制造业各部门之间所要交换的产品数量和种类不断增加，由此会带来各种交易成本的不断上升，而生产性服务业的发展则可以降低制造业部门的交易成本。如金融服务和物流业的发展可以直接降低制造业企业的融资和运输成本。又如，信息科技服务业的发展在给制造业企业提供技术服务降低其成本的同时，可以增强制造业企业的信息搜集能力，降低其交易过程中的搜寻成本。

第三，有助于制造业构筑差异化竞争优势。随着全球经济的一体化，制造业市场上的竞争日益加剧，由此制造业企业产品的独特性就显得尤为重要，如果制造业企业生产的产品对消费者而言具有某种独特性，该企业就拥有了有别于其他竞争对手的差异化竞争优势，控制市场的能力也就相应地得到了提高。制造业企业从生产性服务业部门获得的技术服务、法律咨询、信息服务等高级服务可以缩短企业高效开发、生产以及销售新产品的时间，使拥有新产品的制造业企业在市场中具有差异化的竞争优势，占据寡头地位。

（二）制造业对生产性服务业产业发展的作用机理

制造业的发展带来更多生产性服务投入的需求，从而拉动生产性服务业的发展，这种拉动效应主要体现在生产性服务业规模的扩大和服务质量及效率的提高两方面。

第一，制造业对生产性服务的中间需求拉动了生产性服务规模的扩大。在工业化早期，由于制造业的发展还处于起步阶段，规模较小，对生产性服务的需求也相应较少。此时的制造业企业一般都是从企业内部获取生产性服务，普遍采用"大而全、小而全"的企业发展模式，由此生产性服务的外部供应商缺乏生存空间，无法形成专业化的生产性服务企业。随着制造业企业规模的不断扩大和发展水平的不断提高，对生产性服务的市场需求也就相应地得到了大幅度的提高，生产性服务业独立于制造业成为独立的产业，并且规模不断扩大。制造业作为生产性服务发展的中间需求在生产性服务业的发展过程中发挥着非常重要的推动作用。

第二，制造业的转型升级推动生产性服务业服务质量及效率的提升。不同的制造业部门由于产业特性的不同对生产性服务的需求也就相应存在显著的差异。不同类型的制造业部门的产业发展受不同类型的生产性服务业部门的影响。劳动密集型制造业部门的生产过程比较简单，而且其生产过程主要依赖于劳动力要素，主要与交通运输仓储业等传统服务业部门互动较多；而资本和技术密集型的制造业部门，比如电子设备制造业、医药制造业以及化学制品制造业的生产环节比较复杂，产业链较长，由此与生产性服务业的互动也就相对较多，需求旺盛，尤其是对金融服务、科学研究等高级生产性服务的需求较多。随着制造业技术水平的不断提高，制造业内部结构中资本和技术密集型比重会逐渐提升，由此就会带来对生产性服务业更高质量的需求，促进生产性服务业质量及效率的提升；同时劳动密集型制造业为了适应日益加剧的市场竞争环境，也需要增加高级生产要素的投入，由此也会推动生产性服务业走向高级化。

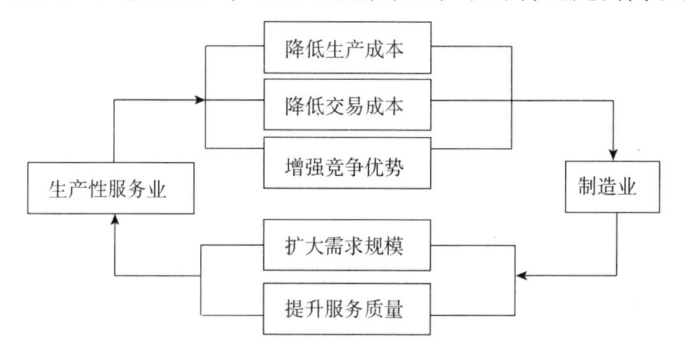

图 2-6　生产性服务业与制造业产业互动发展机理

资料来源：作者分析整理得出。

二、生产性服务业与制造业空间协同布局机理

生产性服务业与制造业之间在产业上的互动关系决定了两大产业部门的空间布局之间必然存在一定的关联，而这种关联在不同的地域层级上又会存在一定的差异性，因此本节从城市和都市圈两个层面分别揭示生产性服务业与制造业空间协同布局的内在机理。

（一）城市内部空间协同布局机理

1. 空间协同布局的集聚力

集聚是产业活动在空间层面上的一个重要特征，新古典经济学时代以来，对于产业集聚现象的研究就一直是诸多学者关注的热点问题，其中被众多学者认同的是马歇尔提出的外部经济理论，即认为产业的集聚主要归因于中间产品的投入、劳动力市场共享和知识溢出等三种因素的影响。该理论是基于制造业间的集聚现象所提出的，本书认为该理论同样适用于解释生产性服务业与制造业之间在空间上的集聚现象。

（1）投入产出关联

生产性服务业和制造业两大部门之间存在较强的产业关联，生产性服务业部门是制造业部门的"供应者"，制造业部门是生产性服务业部门的"需求者"。生产性服务业部门的发展可以降低制造业部门的生产成本和交易成本，促进制造业生产效率的提高，同时制造业部门的发展能带来更多生产性服务投入的需求，并推动生产性服务业服务质量及效率的提升。

生产性服务业和制造业两者之间在产业上相互促进的关系促使两大部门的企业在空间上渴望邻近分布，因为两者空间上的邻近，一方面可以减少生产性服务业部门与制造业之间的"面对面"接触产生的交易成本，便于生产性服务业更好地了解制造业对中间服务投入的需求；另一方面，生产性服务企业为了服务较多的"需求者"，渴望在制造业集聚区周围布局以获得市场竞争优势，同时制造企业为了在选择中间服务投入有较多的"供应者"可供选择，也希望在多家生产性服务企业周边布局。

（2）劳动力市场的共享

产业集聚区的形成可以集聚许多潜在的劳动力需求和供应，雇主们在产业集聚区可以较为容易地找到他们所需要的具有专业技能的工人，从而实现劳动力池的共享，该效应实现的必要条件是在产业集聚区内的企业之间对劳动力素质的需求具有一定的匹配性。生产性服务业部门中的某些行业与制造业部门中的某些行业之间的劳动力素质匹配度较高，从机理上分析可以较为容易地实现"劳动力池"的共享，比如由于制造业的转型升级而从劳动密集型制造业企业中失业的低学历劳动力可以流向周边对学历要求并不高，且目前需求量较大的快递配送部门，另外从科技研发业中失业的技术人员也可以满足制造业部门中的技术研发部对劳动力素质的要求，具备实现劳动力市场共享的条件。

（3）知识外溢

知识外溢在马歇尔的理论体系中对于制造业企业（尤其是技术密集型企业）的作用是通过信息共享，促进企业的创新，提高企业的生产效率，这种知识外溢的作用同样存在于生产性服务业企业与制造业企业之间，甚至这种知识外溢的作用相对于制造业企业而言更加明显。因为生产性服务业的产业特性与制造业大为不同，劳动密集型或资本密集型制造业企业主要依赖的是物质资本，知识外溢对其生产的作用不大；而生产性服务业大多是知识密集型企业，依赖的是人力资本，因而生产性服务业企业与制造业企业（尤其是技术密集型企业）之间更有可能为了获得知识外溢效应而在同一区域内集聚。

2. 空间协同布局的扩散力

在 W. 阿隆索1964年提出的竞租理论中①，服务业和制造业的区位选择可以利用投标租金模型来进行分析。竞争理论主要是从区位边际收益和区位边际成本的角度，推导出竞争条件下土地租金梯度曲线以及城市土地的同心圆利用模式。通过竞租理论我们可以发现，服务业和制造业的区位选择取决于区位边际收益和区位边际成本。区位边际收益主要取决于企业与中心区域的接近性，企业与其他企业或需求者的接触成本随着与中心区域距离的减小而递减；区位边际成本则主要取决于地租成本，地租成本随着与核心区距离的减小而递增。因此，企业在城市中的区位选择主要是综合考虑其与中心区域的接近性所带来的易达性和地租成本之间的均衡。阿隆索在投标租金模型中关于服务业和制造业在产业圈层中的分割线是由杜能模型中的土地租金对距离的斜率来确定的，即

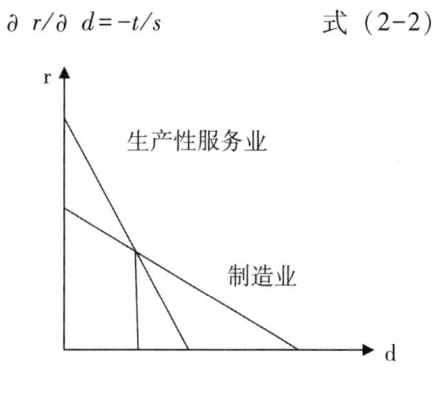

$$\partial r/\partial d = -t/s \qquad 式（2-2）$$

图 2-7 投标租金模型

资料来源：作者分析整理得出。

---

① ALONSO W. Location and land use: toward a general theory of land rent [M]. Boston: Harvard University, 1964.

其中 d 代表距中心区域的距离，r 代表土地租金，t 代表运输费用，s 代表企业所占用的土地面积。在该模型中他们认为 S 服务业<S 制造业，因此，制造业曲线斜率的绝对值要小于生产性服务业，而生产性服务业和制造业在城市产业圈层中的分割线由生产性服务业曲线和制造业曲线的交点到中心区域的距离来确定（见图 2-7）。

由此可以看出，生产性服务业和制造业是与不同的土地租金水平相适应的，即生产性服务业趋向于核心区域集聚，而制造业则趋向于在外围地区集聚，从而形成一个有规则的圈层式的产业分布格局。因为金融服务、法律咨询、商务服务等服务行业所占用的土地较少，对土地租金的敏感度较低，具有较高的租金支付能力并且对通达性的依赖较强，所以在进行选址时就会选择城市的核心区域，在其中呈现集中分布的态势。而制造业部门占用土地较多，单位面积产值低于生产性服务业，由此对地租的支付能力较弱，在选址时就会趋向于向外围地区聚集。并且由式（2-2）可知，交通运输成本对于产业的区位选择也非常重要，随着交通基础设施的改善，制造业的运输费用 t 会逐渐降低，由此制造业的投标竞租曲线斜率的绝对值会逐渐降低，制造业向外围地区集聚的趋势也相应越明显，生产性服务业与制造业之间在空间上的分布就存在明显的分散特征。

但是杜能和阿隆索的模型只是一个抽象后的简单模型，只能说明生产性服务业对地租的承受能力较强，制造业对地租的承受能力则相对较弱，由此差异就导致两者之间在空间上分布的不一致性，但是在现实社会中，地租与距离之间并不是简单的线性关系，生产性服务业完全有可能跟制造业，尤其是技术密集型制造业在空间上紧邻分布，而且地租承受能力并不是影响产业区位选择的唯一因子，生产性服务业与制造业之间的空间分布特征由两者之间的集聚力和扩散力共同决定，当集聚力强于扩散力时，生产性服务业与制造业呈现共同集聚的空间分布特征，而当扩散力强于集聚力时，两个产业部门之间在空间上呈现出分散的特征。

如图 2-8 所示，在城市发展的初级阶段，城市化水平还比较低，此时城市的租金水平处于较低水平，制造业发展占主导地位，生产性服务业还处于起步阶段，此时生产性服务业与制造业的中间投入关联较少，两者之间的集聚力也相应较弱，集聚特征不明显；随着城市发展水平的不断提高，生产性服务业与制造业之间的产业互动越来越多，产业间空间集聚力逐渐增强，两大产业部门的空间集聚特征也逐渐显现，但随着产业的不断发展，城市的租金水平不断提高，生产性服务业与制造业部门对地租承受能力的差异性逐渐显现，两者之间在空间分布上的扩散力也就越强。当扩散力高于集聚力时，生产性服务业主要在城市中心区域集聚，而制造业则主要在城市的外围区域集聚，整体上两者之间在空间上呈现扩散特征。

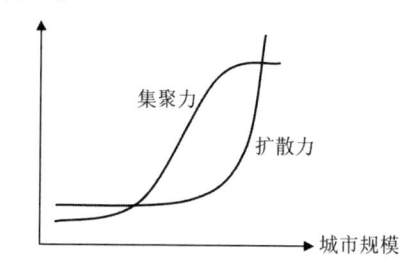

图 2-8　城市内部两大产业部门间集聚力与扩散力变化示意图

资料来源：作者分析整理得出。

（二）都市圈内部空间协同布局机理

对于都市圈而言，生产性服务业与制造业在空间上的分布特征除了受两个产业之间的集聚力与扩散力作用，还与都市圈内部城市之间的分工合作关系密切相关，从微观视角来看就是与产业链在都市圈内部跨城市的空间布局相关。

1. 跨城市空间协同布局的必要性

由单个城市内部生产性服务业与制造业的空间分布特征分析可知，随着城市化进程的不断推进，生产要素和产业不断集聚，当城市规模扩大到一定阶段后，有限城市空间内的土地日益稀缺，土地租金价格随之上升，对土地租金价格不敏感的生产性服务业在城市内部空间由中心区域不断扩张，而对土地租金价格敏感、地均生产附加值较低的制造业则越来越无法承受土地租金压力，逐渐向大城市的边缘地区转移。

除了土地租金因素外，生产性服务业对制造业的"袭夺效应"也是限制制造业在大城市内部发展的重要因素。相对于制造业，生产性服务业对劳动力素质的要求较高，生产性服务业部门的劳动力所创造的附加值也高于制造业部门的劳动力，则生产性服务部门生产高附加值产品的劳动力的工资高于制造业部门的劳动力工资，由此就会导致生产性服务业部门会通过"袭夺效应"吸引制造业部门高素质的劳动力到生产性服务业部门，使得制造业更难于在大城市获得较好的生存空间。另外，大城市一般都演进到通过生产性服务业集聚来提升城市功能的阶段，此时城市产业结构中以生产性服务业为重点发展产业，城市的产业政策自然都向生产性服务业倾斜，而由于产业特性的不同，制造业所需的产业政策与生产性服务业所需的产业政策不兼容，制造业在大城市的发展前景进一步受到了阻碍。

在土地租金压力、劳动力资源"袭夺"、城市产业政策倾斜等多重压力下，制造业会考虑逐渐将部分生产环节退出大城市，此时大城市周边的中小城市发展还基本上处于通过制造业的不断发展来实现城市规模不断扩大的阶段，城市培育的产业发展环境也适合于制造业的发展，因此从大城市退出的制造业部分产业环节会逐渐在大城市周围的中小城市集聚。这样一方面可以减轻在大城市生存的成本，另一方面选择留在大城市周边布局，可以减少与留在大城市的产业链配套环节的运输成本，由此就产生了制造业产业链各生产环节在都市圈内部跨城市分工合作的空间布局现象。

制造业某行业的产业链可以分解成多个生产环节，这些生产环节可以根据都市圈内部各城市的比较优势，分别在各个城市集中布局，然后在各城市之间分工合作。由于每个生产环节上的技术含量和资本密集度都大不相同，对中间服务投入的需求在数量和类型上也就存在显著差异，不同的生产环节就需要不同类型的生产性服务业部门与之相配套。比如在计算机制造业的产业链中，计算机核心零部件的生产过程中需要投入大量的研发设计、软件服务等高级生产性服务，而这些高级生产性服务业部门一般都集中在都市圈内部的中心城市，由此计算机核心零部件生产企业也倾向于在大城市集聚，而在计算机生产的后期组装环节对这些高级生产性服务投入需求则不多，可以选择在土地租金相对便宜和城市产业发展环境更适合的中小城市布局。

2. 跨城市空间协同布局的可行性

都市圈相比于城市而言，扩大了城市规模，为生产性服务业与制造业之间的协调发展提供了更为广阔的空间载体。为了实现产业空间协调发展，都市圈内部需要构建功能错位的产业空间分工体系，从理论上来讲都市圈的一些特性决定了都市圈内部生产性服务业与制造业跨城市空间分工体系实现的可行性：

（1）城市体系上的层次性

都市圈是由一个或两个中小城市以及若干个围绕在中心城市周边，在经济、文化等方面存在密切联系的中小城市组成，从空间结构上看形成了一个"中心—外围"的有层次的城市结构体系。根据阿隆索1964年提出的投标竞租理论，由于承受地租能力的差异性，服务业相对于制造业而言更能在核心区域集聚，而制造业受地租成本的影响逐渐向外围区域转移。把该理论模型运用与分析都市圈内的产业布局可以发现，生产性服务业部门会趋向于集聚在都市圈内的中心城市，而制造业部门则会趋向于在核心区域的外围区域集聚，此时中心城市周围的中小城市成为其理想的选择，由此在都市圈内就可以形成一个有层次的产业分工体系。

（2）空间位置上的毗邻性

都市圈内城市之间相互毗邻，通过发达的交通体系可以使城市之间产业活动的运输成本降至较低水平。根据克鲁格曼、藤田昌久等提出的新经济地理学理论，运输成本的降低可以促进产业集聚，并且不同产业部门的产业活动对运输成本的需求程度大不相同，进而对运输成本下降的敏感程度存在差异，这种差异性就导致不同产业特性的产业趋向于在都市圈内的不同城市内集聚。比如对交通运输成本依赖较大的产业部门趋向于在交通体系四通八达的发达城市内集聚，而对交通成本依赖较小的产业部门则可能为了避免交通体系相对发达的大城市内的高地租，愿意在交通体系稍显落后的中小城市集聚，从而在都市圈内形成了具有层次性的产业集聚形态，在一定程度上促进了生产性服务业与制造业的协调布局。因此，都市圈内城市之间空间位置上的毗邻性使得产业链跨城市空间分布体系的构建存在可能。

（3）历史文化上的传承性

都市圈范围内的各个城市之间不但空间位置比邻，而且各城市之间在历史文化上存在很强的共性。比如以北京市、天津市和河北省为例，它们形成的京津冀地区在清朝和民国时期，北京和天津都是隶属于河北（直隶）的一部分，受相同历史文化的影响。受历史延续性的影响，都市圈范围内城市之间在历史文化上的共性对于减少在都市圈内构建产业分工体系所遇到的行政壁垒有积极的影响。

3. 都市圈内部空间协同布局的结构

都市圈是以一个或两个大城市为中心，若干个围绕在中心城市周边以及经济、文化等方面存在密切联系的中小城市组成的经济体，它更多的是经济意义而非政治意义，从空间结构上看形成了一个"中心—外围"结构。一般而言，大城市容易实现集聚的多样化，而中小城市则适合专业化的发展途径。

对于生产性服务业各部门而言，部门之间可以较为容易地实现跨行业的知识外溢，多个生产性服务业部门可以在一个城市内部共同集聚，而且生产性服务业各部门在城市内部集聚，相互之间的关系更多的是互补或竞争关系，而不是上下游关系，适合在中心城市内部集聚。另外，中心城市的经济发展水平比较高，居民的消费水平也相对较高，消费结构也已经从简单的物质追求转变到对物质享受和精神享受的双重追求，多个生产性服务业部门在中心城市的集聚正好能满足中心城市居民多样化的需求，由此在都市圈的城市产业分工空间结构中，中心城市通过多个生产性服务业部门的共同集聚承担着服务功能。同时，某些高级生产性服务业对劳动力、资本等投入要素的需求较高，仅能在发达的中心城市布局，而周边的中小城市也有对这些高级生产性服务的中间需求，因此中心城市的生产性服务业还承担着为周边城市提供服务的外延功能。

对于制造业部门而言，都市圈内的中小城市是其理想的集聚地，因为中小城市相对于大城市具有较为低廉的土地租金水平和愿意接受低工资的劳动力。制造业内各个行业之间由于产业形态的不同，专业技术兼容性不强。马歇尔外部性理论中一个重要假定就是制造业内部的技术扩散仅限于同类行业之间，跨行业之间的知识外溢效应非常弱，由此在中小城市内部的制造业的集聚往往表现出专业化的特性。都市圈内各中小城市之间由于比较优势的不同，吸引了不同类型的制造业部门集聚，进而使得各中小城市具备了不同的"生产"功能，这种"生产"功能在城市之间的分工不仅发生在制造业的各行业之间，而且还发生在行业产业链的各生产环节之间。

从整体上来看，生产性服务业和制造业之间在都市圈内部空间协同分布的空间结构是生产性服务业主要集中在中心城市，而制造业内部各个产业环节则选择在中心城市周边具有本产业发展比较优势的中小城市聚集，由此通过生产性服务业和制造业集聚在都市圈内部实现了"服务—生产"的城市产业空间分工体系。

但是这并不意味着制造业会完全退出中心城市，也不意味着中小城市就不发展生产性服务业。某些高新技术制造业部门对生产性服务业，尤其是金融服务、科技创新等高级生产性服务业的中间需求比重较高，对邻近于中心城市的高级生产性服务业的需求迫切，并且这些制造业部门的产品附加值较高，能够承受中心城市的地租成本，会选择在中心城市集聚；反过来中心城市也需要发展部分制造业部门，以此来保障城市的就业水平，夯实城市产业发展的基础，增强抵御金融风险的能力。生产性服务业除了在中心城市高度集聚外，中小城市内部的制造业部门对生产性服务业的需求也会吸引某些生产性服务业部门向其周边集聚。虽然中心城市的生产性服务业对中小城市的制造业也具有服务功能，但是由于空间距离的存在，这些服务功能并不能满足中小城市制造业的所有服务需求，尤其是那些需要"面对面"服务的生产性服务业部门，比如商务服务、交通运输服务等部门，作为制造业的配套产业，生产性服务业根据当地制造业的中间投入需求，在中小城市内部也会出现集聚现象。

三、生产性服务业与制造业空间协同分布的特征

生产性服务业是制造业中间投入品的"供应商"，而制造业则是生产性服务业的"客户"，两者之间存在投入产出关系。生产性服务业为了接近"客户"，节省交易成本，提供"面对面"服务，其区位选择会趋向于在制造业周围，由此就会产生协同集聚的现象，但随着信息通信技术的发展和交通运输成本的下降，有些生产性服务业并不需要接近制造业，而可能为了获得知识溢出，在其他高级生产性服务业周围集聚。因此生产性服务业与制造业在空间上的布局关系与各个产业的特征以及各产业间的产业联系存在一定的关系。

生产性服务业与制造业之间由于投入产出关系的存在，两者之间的空间布局必然会存在一定的关联。为了揭示生产性服务业各部门与制造业的空间布局关系，参考G.埃里森和E.L.格雷泽的方法计算产业间协同集聚度，公式为：

$$r_{ij} = \frac{H_{ij}-(H_i \times w_i^2 + H_j \times w_j^2)}{1-(w_i^2+w_j^2)} \qquad 式（2-3）$$

其中，w_i、w_j 为权重指标，用单个产业从业人员占两个产业从业人员之和的比重表示。H_i、H_j、H_{ij} 分别代表产业 i、产业 j 以及两个产业形成的地理集中度，本研究中用赫芬达尔指数来计算，公式为：

$$H = \sum_{k=1}^{n} S_k^2 - \frac{1}{n} \qquad 式（2-4）$$

其中，S_k 为某产业第 k 个地区的从业人员占该产业整个区域从业人员的比重，n 为地区个数。计算出来的 r_{ij} 值越大，就表示产业 i 和产业 j 之间集聚度越高，空间分布上越邻近。

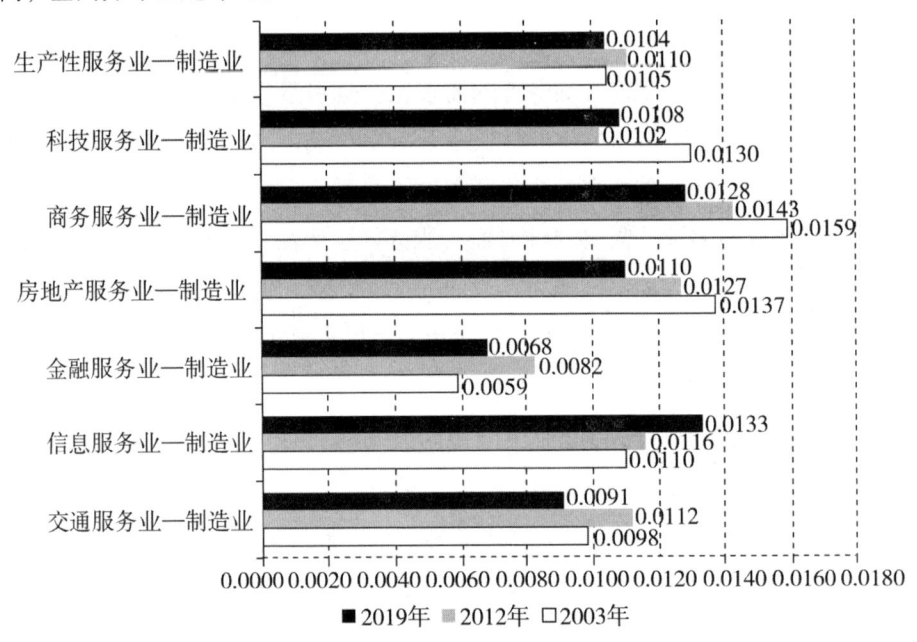

部门	2019年	2012年	2003年
生产性服务业—制造业	0.0104	0.0110	0.0105
科技服务业—制造业	0.0108	0.0102	0.0130
商务服务业—制造业	0.0128	0.0143	0.0159
房地产服务业—制造业	0.0110	0.0127	0.0137
金融服务业—制造业	0.0068	0.0082	0.0059
信息服务业—制造业	0.0133	0.0116	0.0110
交通服务业—制造业	0.0091	0.0112	0.0098

图 2-9 2003 年、2012 年、2019 年中国生产性服务业各部门与制造业空间协同集聚程度

资料来源：根据《中国城市统计年鉴》数据测算。

运用上述方法测算中国 2003 年、2012 年、2019 年生产性服务业及各部门与制造业的空间协同集聚度，结果如图 2-8 所示。从不同生产性服务业部门与制造业空间协同集聚关系的对比得出：信息服务业、商务服务业、科技服务业等高集聚特征的生产性服务业部门与制造业的空间协同集聚度也相对较高，而交通运输业、金融服务业等低集聚特征的生产性服务业部门与制造业的空间协同集聚度也相对较低。从变化趋势来看，2003年—2019年期间生产性服务业及各行业与制造业的空间协同集聚程度呈现波动变化态势，整体上并无明显的规律性。

第四节 本章小结

本章从省级层面和城市层面系统分析了中国生产性服务业空间分布的行业特征和区域特征，并重点分析了生产性服务业与制造业之间的产业互动与空间分布关系。本章的主要结论如下：

第一，在四大区域层面服务业空间分布从东部沿海化的非均衡发展向东、中、西部相对均衡发展转变的态势明显，东北地区服务业发展相对不足。服务业在省级行政单元层面布局较为集中，广东、江苏和山东的服务业规模相对较大，东北三省和京津冀地区服务业占全国份额在2010年—2022年期间均处于下滑态势。生产性服务业就业人员主要分布在三大城市群，且从动态上仍处于进一步集聚的态势。

第二，生产性服务业主要集中在区域性中心城市，信息服务业、科技服务业和商务服务业三个高端生产性服务业在区域中心城市集聚的特征更明显。从生产性服务业各行业的分布来看，信息服务业、科技服务业、商务服务业这三个高端行业的地域分工模式符合中心地理论特点，呈现等级规模结构，金融服务业和交通运输业的地域分工相对分散。生产性服务业各行业的集聚特征呈现明显差异，商务服务业、信息服务业、科技研发业等生产性服务业部门随着信息技术水平的快速发展，企业的服务半径不断扩大，行业显示出较高的集聚性。而交通运输业和金融服务业提供的服务都是接触紧密型服务，服务提供点需尽可能地靠近服务对象，服务半径较小，空间集聚程度比较低。2012—2019年生产性服务业的空间集聚程度有所下降。

第三，生产性服务业为制造业提供专业化的生产性服务，可以降低制造业的生产成本和交易成本，并有助于构筑制造业差异化竞争优势，而制造业的发展也可以带来更多生产性服务投入的需求，从而拉动生产性服务业的发展，这种拉动效应主要体现在生产性服务业规模的扩大和服务质量及效率的提高。生产性服务业与制造业之间在产业上的互动关系决定了两大产业部门之间在空间布局上必然存在一定的关联。高集聚特征的生产性服务业部门与制造业的空间协同集聚度也相对较高，而低集聚特征的生产性服务业部门与制造业的空间协同集聚度则相对较低。

第三章

中国生产性服务业模式选择对工业效率的影响[①]

在工业效率提升的目标导向下,中国各城市生产性服务业的发展面临着在专业化与多样化发展模式之间选择。本章构建了生产性服务业模式选择与工业效率提升的分析框架,并基于中国284个地级及以上城市面板数据,运用空间面板计量模型实证研究了工业效率提升导向下中国城市生产性服务业的模式选择。

第一节 问题的提出

生产性服务业与工业的关系日益紧密,呈现互动发展的态势。两者之间的关系研究一直以来是学者们关注的焦点,其中生产性服务业发展对工业效率提升的研究是一个热点问题。已有研究从交易成本、地理距离、层级化分工、空间外部性等影响因素实证分析了生产性服务业发展对工业效率提升的影响,但缺乏对生产性服务业的专业化和多样化发展模式选择对工业效率提升的影响研究。专业化和多样化两种模式由于产业内部结构的差异性,其对工业效率提升的作用机理也必然存在差异。现有涉及专业化模式和多样化模式的研究大多针对城市整体发展模式而言进行深入研究,缺乏聚焦于生产性服务业的相关研究。以马歇尔、亨德森为代表的学者研究得出专业化发展模式对产业发展的促进作用主要通过劳动力市场共享、投入产出关联和知识外溢效应等因素来体现,而

[①] 本章部分内容已发表:席强敏,陈曦,李国平.中国城市生产性服务业模式选择研究:以工业效率提升为导向[J].中国工业经济,2015(2):18-30。

以格雷泽为代表的持相反观点的学者则认为专业化发展模式对地区的产业增长存在负效应，不同行业的大量企业在同一空间集中发展的多样化发展模式更有利于促进地区产业的发展。知识能够在互补而非相同的产业间溢出，因而产业的多样化发展更有利于外部性的产生，从而促进相关产业的收益递增。当然，也有学者认为多样化发展模式存在一定的不确定性[①]，多样化发展模式与产业发展之间呈现非线性关系，只有当多样化水平较高时才会促进产业发展。

生产性服务业在各城市产业发展进程中面临着如何在专业化发展模式与多样化发展模式之间选择。不同规模等级的城市工业发展水平和城镇化水平不尽相同，其生产性服务业合理的发展模式是否相同？这些问题有待深入研究和探讨。本章将从生产性服务业与工业之间的互动关系出发，以提升工业效率为导向，通过引入生产性服务业的专业化指数和多样化指数，在传统的互动机制基础上更进一步地探讨不同生产性服务业发展模式对工业效率影响的作用机理。并基于空间面板计量模型实证探究生产性服务业的发展模式对本地和周边城市工业效率提升的影响。

第二节 理论分析

生产性服务业是随着工业生产工序的专业化分工不断深化而从工业中分离出来，并与工业相互影响，共同发展。城市化初期，工业尚处于起步阶段，因而对生产性服务的需求相对较少，此时的工业企业普遍采取"大而全、小而全"的企业发展模式，生产性服务一般蕴含在生产活动之中。随着城市化进程的推进，工业企业规模不断扩大，发展水平大幅提高。一方面，工业专业化分工不断细化，产品生产过程中对辅助业务的需求越发多样，对生产性服务的效率和质量提出了更高的要求。另一方面，随着工业技术的进步，现代制造工艺日趋精细复杂，科技含量不断提高，工业企业为控制风险谋求发展，必将生产要

---

① 薄文广. 外部性与产业增长：来自中国省级面板数据的研究 [J]. 中国工业经济, 2007 (1): 37-44

素和有限资源更有效地集中配置在改善技术水平,提高核心竞争力上。由此,当工业企业将生产性服务外包的交易成本低于内部的管理成本时,生产性服务逐渐从生产制造领域剥离出来,形成独立的专业服务部门。并且随着城市工业发展的结构优化和转型升级,对生产性服务需求的档次不断提高,进而促进生产性服务业档次的高端化。反之,生产性服务业通过产业的前向和后向关联等多维关系,广泛参与到生产制造的过程中,贯穿于生产、流通、分配和消费等各个环节,由"润滑剂"逐步转变为"助推器",为工业发展提供服务、支撑和保障。市场化的生产性服务业存在竞争机制和规模经济。一方面,竞争机制使得生产性服务业不断向专业化、品质化和精细化发展,降低了工业企业获取生产性服务的交易成本;另一方面,规模经济降低了生产性服务业的发展成本,提升了生产性服务的效率,使得工业企业降低了生产性中间投入外包成本,从而降低了生产成本,提高了资源利用效率。这些因素都在一定程度上促进了工业的高效发展(见图3-1)。

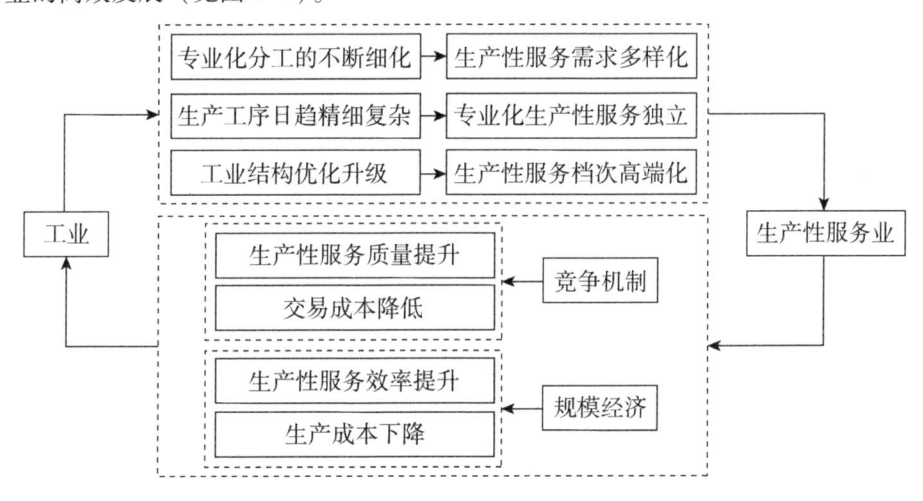

图3-1 生产性服务业与工业互动发展机理

资料来源:作者绘制。

一、生产性服务业发展模式选择的机理分析

按生产性服务业内部结构的分布特征,可以将生产性服务业的发展模式分为专业化和多样化两种。当生产性服务业内部结构主要集中在少数行业时,产

业结构相对单一，属于专业化发展模式；而当生产性服务业内部结构在各个行业中分布比较均匀时，产业结构则相对多元化，属于多样化发展模式。随着城市化和工业化进程的不断推进，生产性服务业的规模不断扩大，供给形式逐渐多元，从而出现了发展模式上专业化和多样化的选择问题。

生产性服务业和工业之间是供给者和需求者的关系，工业规模的扩大以及生产环节和工序的日益细化，使得其对生产性服务业的需求更加细分化和更趋多元化。工业化发展初期，劳动密集型部门占主导地位，其生产过程比较简单，主要与交通运输仓储业等传统服务业互动较多，从而带动了交通运输仓储业等传统服务业的专业化发展。随着工业化进程的推进，资本和技术密集型部门逐渐发展起来，这两个部门生产环节复杂，产业链较长，与生产性服务业的互动相对多样，尤其是技术密集型部门对信息和技术服务的需求较多。2010年中国投入产出表测算显示，劳动密集型部门对生产性服务中间需求中42%集中于交通运输仓储部门，而技术密集型部门对生产性服务中间需求在各行业的分布则相对均匀和多样化，金融服务业、商务服务业和综合技术服务业的占比分别达到22%、21%和8%。工业对生产性服务需求多样性的增加，带动了金融服务、商务服务、科学研究、信息服务等多样化现代服务在城市内的集聚和发展。并且当工业化发展到较高阶段时，其所需的生产性服务类型不仅局限于标准化、日常性的服务，还有各种类型的定制化和创新性服务，市场细分程度进一步提高。此时不同类型生产性服务企业集聚在一起，互补共生，才能更好地为工业企业完成一系列的生产性服务。

工业对生产性服务需求的规模和门类共同决定了生产性服务业发展的合理模式。当工业对生产性服务的需求单一，或者需求多样但规模有限时，生产性服务业适宜选择满足工业主导需求的服务功能进行专业化发展；而当工业对生产性服务的需求多样化且规模较大时，生产性服务业则适宜选择能充分满足工业发展需求的多样化、综合型的发展模式。受区位条件、资源禀赋、产业政策等多种因素影响，各个城市工业发展规模和水平存在差异，由此导致对生产性服务业的需求规模和门类也存在显著差异，进而影响了其生产性服务业专业化与多样化的发展模式选择。

第三章 中国生产性服务业模式选择对工业效率的影响

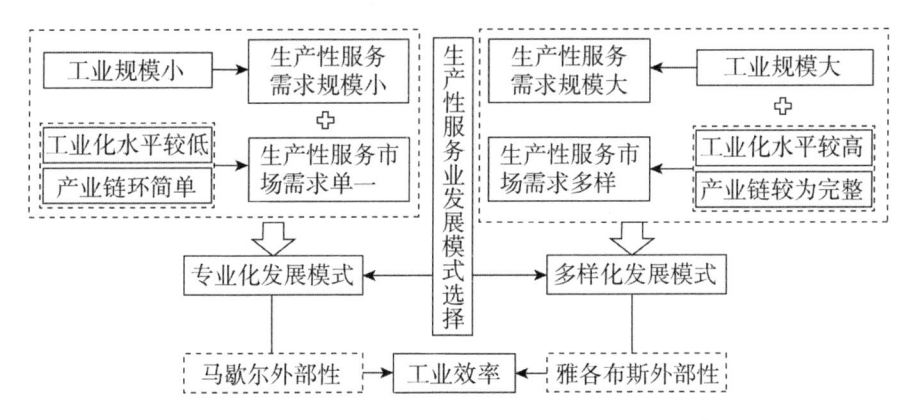

图3-2 生产性服务业发展模式的选择及对工业效率提升的作用机理

资料来源：作者绘制。

对于规模较小的城市而言，部分城市工业化水平较低，较为初级和简单的工业结构使得其对生产性服务业的需求也较为单一化，也有部分城市工业化水平较高，工业结构实现了高端化，但受到工业规模的限制，其对生产性服务业的市场需求总量很难支撑生产性服务业的多样化，而更适合专业化发展模式。对于规模较大的综合性城市而言，工业规模较大，产业链较为完善，其对生产性服务业的市场需求总量较大且形式多样，加之大城市的资金、技术、人才、信息等资源较为丰富，因此，能够满足和实现生产性服务业的多样化发展（见图3-2）。世界上诸多大城市生产性服务业的发展都是在城市发展初期依托某一独特优势选择专业化发展模式，然后随着城市规模的扩大和工业发展的升级，生产性服务发展模式的选择逐渐转向多样化。比如纽约生产性服务业的最初发展是依托曼哈顿发达的商贸，集聚了大量资本，从19世纪起成为全美金融中心，1975年纽约金融保险和房地产业的就业人数占生产性服务业的比例高达45%[1]，属于专业化的发展模式。进入20世纪后，为满足先进制造业发展日益多样化的需求，商务服务、法律服务、管理咨询服务等生产性服务功能在纽约不断集聚，原来占主导地位的金融保险和房地产业就业人数占比下降到30%，纽约转变成著名的综合型生产性服务中心。

---

[1] 数据来源于 Bureau of Labor Statistics.

无论是专业化发展模式还是多样化发展模式，生产性服务业的发展都会对工业效率提升产生促进作用，但在作用机理上存在显著的差异性。在理论层面，可以借鉴马歇尔外部性和雅各布斯外部性来解释生产性服务业产业结构的专业化和多样化模式对工业效率提升的作用机理。在专业化发展模式中，由于马歇尔外部性的存在，受投入产出关联和知识溢出的影响，特定生产性服务业的地方化集聚能够促进具有产业关联的相关工业部门的集聚，降低工业部门的生产成本，并通过信息共享，降低了工业企业对生产性服务的信息搜寻时间和成本，生产性服务业企业与工业企业之间的溢出效应得到增强，进而提高了工业发展的效率。而在多样化发展模式中，雅各布斯外部性表明，多样化的生产性服务业发展模式能使知识、技能和技术在互补而非相同的产业间溢出。生产性服务行业之间通过服务职能的分工和交易建立起相互信任关系，从而形成一种非交易的相互依赖关系。这种相互依赖关系的建立促使生产性服务各行业之间的联系日趋密切，达到长期合作均衡后扩大了服务范围，拓展了服务群体，优化了服务内容和质量，能够"一站式"满足工业企业的财务、产品设计、产品销售、物流服务、广告服务和法律咨询等全方位、全过程的服务需求，提供细化高效的生产性服务，降低了企业搜寻成本，从而实现了工业的规模效率递增。基于上述分析，本章提出：

假设1：工业对生产性服务中间投入需求的规模和门类共同决定了生产性服务业发展的合理模式。当需求规模较小或需求单一时，生产性服务业适宜专业化发展；随着城市规模的扩大和工业发展层次的提高，工业转型升级对生产性服务中间投入需求的规模扩大和门类增加，生产性服务业则适宜选择多样化发展模式。

二、生产性服务业发展模式选择的空间溢出机理分析

生产性服务业不仅对本地工业效率有提升作用，其对周边城市的工业发展在特定的辐射范围内也存在一定的空间溢出效应。受到城市规模和城市发展方向等因素影响，城市内部的生产性服务业发展与本地工业发展很难完全匹配。对于一个城市来说，工业生产过程中的某些生产性服务需求可能只能通过周边城市获得满足，而其自身提供的生产性服务也有可能惠及周边城市，这就涉及

生产性服务业的空间辐射范围问题。生产性服务业是工业中间投入品的"供应商",而工业则是生产性服务业的"客户"。生产性服务业为了接近"客户",节省交易成本,提供"面对面"服务,其区位选择会趋向于工业区周围,但随着信息通信技术的发展和交通运输成本的下降,有些生产性服务业不再需要接近工业布局,而可能为了获得知识溢出,选择所服务企业周边的人才、技术分布密集的城市内部布局。此时即出现了"生产性服务—工业生产"跨城市的产业分工合作格局,生产性服务业呈现出跨城市的溢出效应。

处于生产性服务业专业化发展模式的城市生产性服务业门类相对单一,大多是针对本地主导工业需要而发展起来的生产性服务行业,其他生产性服务行业的发展相对比较薄弱。因此,其空间辐射作用并不十分明显,溢出范围也非常局限。而对于多样化发展模式而言,生产性服务功能的多样化全方位发展,以及生产性服务业在此集聚并实现高端化的优势,支撑了其空间溢出作用的存在。

但是,不同于工业提供的产品是有形的且可以存储并进行远距离运输,大部分生产性服务企业提供的服务产品是无形的,不具有可存储性,由此大部分服务产品的交易具有"面对面"接触的需求。当生产性服务业与工业之间的空间距离拉大时,便会产生交易成本。借鉴新经济地理学中的垂直关联模型可知,在成本关联和需求关联两种效应的作用下,受交易成本因素影响,生产性服务业对工业的空间辐射范围也会受到限制。当生产性服务业企业与工业企业之间的交易成本处于较低水平时,供需双方对于临近市场的需求较弱,相应地对企业间空间邻近分布的需求也较弱,此时生产性服务业对工业企业的辐射范围也较大。而当生产性服务业企业与工业企业之间存在较高交易成本时,企业之间由于需求关联的存在,为降低交易成本趋向于邻近布局,生产性服务业企业对工业企业的辐射范围也相应地受制于交易成本,空间溢出效应在不同空间距离下呈现差异分布,随地理距离的增加呈现衰减趋势。由此,本研究提出:

假设2:城市生产性服务业多样化发展模式相对于专业化发展模式而言,生产性服务功能的多样化和全方位发展使其对周边工业效率提升的空间溢出效应较强,但受交易成本和"面对面"接触需求的影响,辐射效应随距离衰减,且辐射范围有限。

第三节 实证模型构建

一、实证模型设定

在国外的研究中,对工业效率的常用指标是产出率(增加值与产值的比率)、效率指数(工业产出占全国 GDP 比例与该行业劳动投入占全国总劳动投入比例的比值)、劳动生产率(工业总产出与就业人数的比值)。本研究采用各地级市工业劳动生产率的自然对数值作为模型的被解释变量,衡量工业产出效率。几乎所有的空间数据都具有空间依赖性或空间自相关的特征,工业劳动生产率在各城市之间也存在空间相关性。本节采用常用的莫兰指数(Moran'I)检验了各城市工业劳动生产率的空间相关性。莫兰指数定义为:

$$Moran' \ I = \frac{\sum_{i=1}^{n}\sum_{j=1}^{n}w_{ij}(Y_i-\bar{Y})(Y_j-\bar{Y})}{S^2\sum_{i=1}^{n}\sum_{j=1}^{n}w_{ij}} \qquad 式(3-1)$$

其中 $S^2=\frac{1}{n}\sum_{i=1}^{n}(x_i-\bar{x})^2$, $\bar{x}=\frac{1}{n}\sum_{i=1}^{n}x_i$, x_i 表示第 i 空间单元的观测值, n 为空间单元数, w_{ij} 为空间权重矩阵要素。Moran'I 指数范围在 [-1, 1],大于 0 表示存在空间正相关,小于 0 则表示存在空间负相关。测算结果显示虽然中国地级及以上城市工业劳动生产率之间的莫兰指数呈现下降趋势,但一直正相关,且均通过了 1% 的极显著性检验,由此验证了工业劳动生产率的空间相关性。

空间面板计量模型通过把空间结构权重矩阵纳入模型中,考虑了空间相关性的影响,相比基于各空间单元数据无关联和匀质性假定的计量模型更贴近客观事实。根据空间体现方式的不同,空间面板计量模型可以分为空间面板滞后模型、空间面板杜宾模型、空间面板交叉模型、空间面板误差模型。本研究利用四种空间面板计量模型,分别对生产性服务业专业化指数和多样化指数对工业效率的影响进行实证检验,基础分析模型设定如下:

$$Em_{i,t}=\alpha WEm_{i,t}+\beta_1 RZI_{i,t}+\theta_1 WRZI_{i,t}+\varphi X_{i,t}+a_i+\gamma_t+V_{i,t};$$

$$V_{i,t} = \lambda W v_{i,t} + \mu_{i,t} \qquad 式（3-2）$$

$$Em_{i,t} = \alpha W Em_{i,t} + \beta_2 RDI_{i,t} + \theta_2 WRDI_{i,t} + \varphi X_{i,t} + a_i + \gamma_t + V_{i,t};$$

$$V_{i,t} = \lambda W v_{i,t} + \mu_{i,t} \qquad 式（3-3）$$

其中，$Em_{i,t}$代表工业劳动生产率，$RZI_{i,t}$、$RDI_{i,t}$分别代表生产性服务业专业化指数和多样化指数，$X_{i,t}$代表本研究考虑的其他影响工业劳动生产率的控制变量，W代表空间权重矩阵，a_i代表个体效应，γ_t代表时间效应，$V_{i,t}$代表误差项。

当上述两个基础模型中，$\theta_1 = \theta_2 = \lambda = 0$ 时，模型为空间面板滞后模型（SAR模型），定义为模型1和模型2；当 $\lambda = 0$ 时，模型为空间面板杜宾模型（SDM模型），定义为模型3和模型4；当 $\theta_1 = \theta_2 = 0$ 时，模型为空间面板交叉模型（SAC模型），定义为模型5和模型6；当 $\theta_1 = \theta_2 = \alpha = 0$ 时，模型为空间面板误差模型（SEM模型），定义为模型7和模型8。另外，为了探究不同规模等级城市生产性服务业模式选择的差异性，本研究还按城市规模等级分组进行了回归。由于各规模等级城市内很多城市在空间上不邻近，因而各规模等级城市内工业劳动生产率的空间相关性较弱，故采用面板计量模型进行回归，令上述两个基础模型中 $\alpha = \theta_1 = \theta_2 = \lambda = 0$，定义为模型9和模型10。

二、变量说明

采用生产性服务业从业人员在各行业部门之间的分布衡量各城市生产性服务业的专业化和多样化程度。定义 S_{ij} 是生产性服务业行业 j 在城市 i 生产性服务业中的就业份额，S_j 是生产性服务业行业 j 在全国城市生产性服务业中的就业份额。本书定义生产性服务业专业化指数为 $RZI_i = \max_j (s_{ij}/s_j)$，定义多样化指数为 $RDI_i = 1/\sum |S_{ij} - S_j|$。

通过对中国284个地级市生产性服务业的专业化和多样化指数测算发现：生产性服务业专业化指数与多样化指数两个指标之间呈现明显的负相关关系（见图3-3），采用皮尔逊相关系数测算两个指标的相关系数。皮尔逊相关系数是统计学上常用的衡量变量之间相关程度的指标，通常情况下相关系数在-1.0—-0.8时为极强负相关，-0.8—-0.6时为强负相关，-0.6—-0.4时为中等程度负相关，-0.4—-0.2为弱负相关，-0.2—0.0为极弱相关或无相关。测算结果为-0.57，呈现出中等程度的负相关，故为了克服共线性，在设定模型时分别把这两个指标作为解释变量放入模型中。但这两个指标并非完全排斥，生产性服务业多样化程度较高的城市完全有可能在某个行业中具有较高的专业化水平。

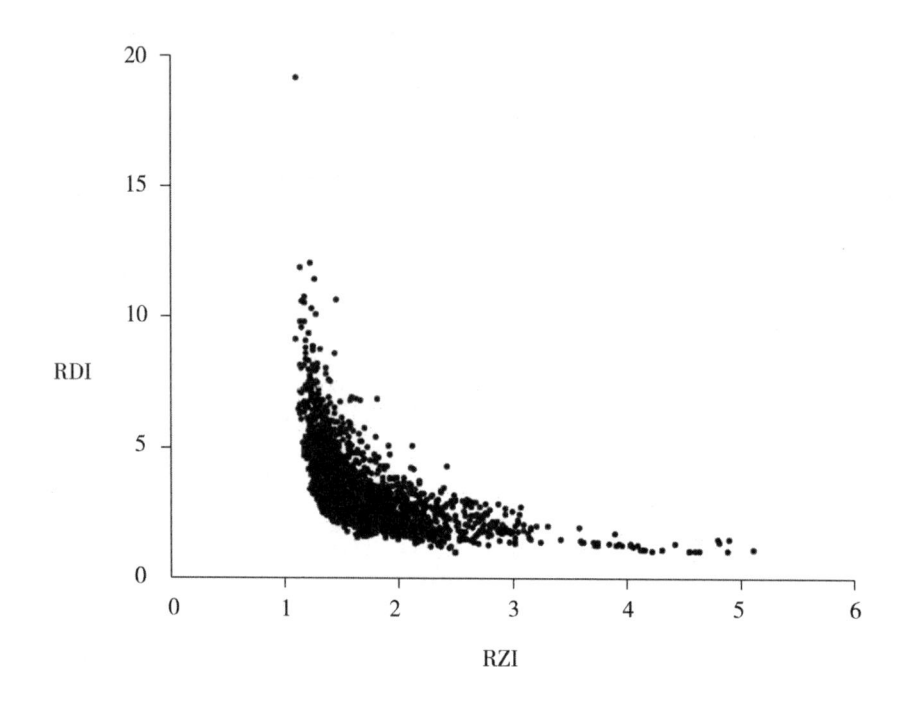

图 3-3　中国城市生产性服务业专业化指数—多样化指数关系散点图
资料来源：作者基于 stata 软件绘制。

为了增强模型的解释力，除了生产性服务业专业化指数和多样化指数这两个主要解释变量以外，本模型还设立了一系列用于解释工业效率的控制变量。①人均固定资本投入 km：各市工业的全员劳动生产率自然对数值，反映各市资本有机构成。资本有机构成的提高将促进工业劳动生产率的提升，预期符号为正。②劳动力工资 $wage$：各市职工平均工资的自然对数值，既反映了劳动力投入成本，又在一定程度上反映了劳动力的素质和技能水平。劳动力投入成本的提高将增加经营成本，压缩企业利润，降低企业效率，但当劳动力工资上升主要是由劳动力的素质和技能水平提高引起的，则会对工业劳动生产率的提高具有促进作用，预期符号不确定。③基础设施水平 tran：城市基础设施水平的提高将显著地降低工业生产要素的运输成本，提高交易效率，本研究用各市人均道路面积衡量各市的基础设施水平，预期符号为正。④外商投资力度 fdi：外商投资在增加资本存量的同时还可以通过引进国外先进技术带动工业效率的提升，本研究用各市 FDI 占全市 GDP 的比重来衡量外商投资力度，预期符号为正。⑤政府规模 gov：政府规模的大小一定程度上反映了政府对市场经济运行的干预程度，本研究用各市非公共财政支出占全市 GDP 的比重来衡量政府规模，预期符号为负。

地理学第一定律指出：任何事物与其他周围事物之间均存在联系，而距离较近的事物总比距离较远的事物联系更为紧密。基于此，本研究利用中国 284 个地级及以上城市地理中心之间的距离，构建了地理距离空间权重矩阵 W，构建的标准为：

$$W_{i,j}=\begin{cases}1/d_{i,j} & i\neq j\\ 0 & i=j\end{cases} \quad 式（3-4）$$

其中，$d_{i,j}$ 代表 i、j 两城市地理中心的距离。

第四节　实证结果分析

一、全国层面实证结果分析

对本研究设定的四种空间面板模型（SAR、SDM、SAC 和 SEM）进行豪斯曼检验，以确定模型到底采用固定效应还是个体效应。经过检验后各模型均应采用固定效应模型，检验结果验证了 B. 巴尔塔基[1]提出的当样本随机取自总体时，选择随机效应模型较为恰当，而当样本回归分析局限于一些特定的个体时（本研究中是 284 个地级市），固定效应模型应该是更好的选择。空间面板固定

---

[1] BALTAGI B H. A companion to econometric analysis of panel data [M]. New York：John Wiley & Sons Press，2009.

效应模型中控制了两类非观测效应——空间固定效应和时间固定效应。前者反映随区位变化、但不随时间变化的背景变量（比如自然禀赋等）对稳态水平的影响；后者代表随时间变化、但不随区位变化的背景变量（比如暂时性冲击等）对稳态水平的影响。接下来对四种空间面板模型中的最优模型进行判断与选择，判断规则参考 L. J. 安塞林[①]提到的方法，综合拟合优度检验、自然对数函数值（Log Likelihood，$LogL$）、赤池信息准则（Akaike Information Criterion，AIC），结果显示无论是在考虑 RZI 的模型中还是在考虑 RDI 的模型中，空间杜宾模型（SDM）均是本实证研究的最优模型（见表3-1）。

[①] ANSELIN L J, RAYMOND G, FLORAX M, et al. Advances in spatial econometrics：methodology，tools and applications [M]. Berlin：Springer Verlag, 2004.

表 3–1　全国层面的估计结果

解释变量	SAR 模型 模型 1	SAR 模型 模型 2	SDM 模型 模型 3	SDM 模型 模型 4	SAC 模型 模型 5	SAC 模型 模型 6	SEM 模型 模型 7	SEM 模型 模型 8
WEM	0.2100***	0.2110***	0.2170***	0.2330***	0.8480***	0.8490***		
	(7.79)	(7.84)	(8.00)	(8.56)	(19.13)	(19.35)		
RZI	0.0059		0.0057		0.0147		0.0190	
	(0.60)		(0.57)		(1.29)		(1.61)	
WRZI			−0.3060**					
			(−2.25)					
RDI		0.0041		0.0025		0.0062		0.0053
		(1.19)		(0.74)		(1.58)		(1.31)
WRDI				0.1420***				
				(4.65)				
L.Em	0.5190***	0.5190***	0.5200***	0.5180***				
	(38.66)	(38.68)	(38.74)	(38.75)				
km	0.2420***	0.2410***	0.2440***	0.2450***	0.4830***	0.4810***	0.5010***	0.4990***
	(22.28)	(22.23)	(22.40)	(22.60)	(43.53)	(43.25)	(43.66)	(43.37)
wage	−0.0202	−0.0193	−0.019	−0.0143	0.0597***	0.0600***	0.0733***	0.0736***
	(−0.82)	(−0.78)	(−0.77)	(−0.58)	(3.75)	(3.77)	(4.45)	(4.46)

49

续表

解释变量	SAR 模型 模型1	SAR 模型 模型2	SDM 模型 模型3	SDM 模型 模型4	SAC 模型 模型5	SAC 模型 模型6	SEM 模型 模型7	SEM 模型 模型8
tran	-0.0089	-0.0092	0.0083	0.0082	0.0131	0.0121	0.018	0.0171
	(-0.80)	(-0.83)	(0.75)	(0.73)	(1.03)	(0.95)	(1.37)	(1.30)
gov	-0.152**	-0.152**	-0.151**	-0.164**	-0.208**	-0.205**	-0.134	-0.13
	(-2.16)	(-2.16)	(-2.14)	(-2.34)	(-2.34)	(-2.31)	(-1.46)	(-1.41)
fdi	0.147	0.138	0.176	0.0408	0.196	0.178	0.4800*	0.4590*
	(0.59)	(0.56)	(0.71)	(0.16)	(0.76)	(0.69)	(1.81)	(1.73)
N	2556	2556	2556	2556	2840	2840	2840	2840
R^2	0.9040	0.9040	0.9040	0.9050	0.5190	0.5180	0.6820	0.6830
LogL	1499	1499	1501	1510	968	969	884	884
AIC	-2980	-2981	-2982	-3000	-1918	-1919	-1752	-1751

注:括号内为 t 统计值,***、**、* 分别表示 1%、5%和 10%的显著水平。
资料来源:作者基于 stata 软件估计。

第三章 中国生产性服务业模式选择对工业效率的影响

从全国地级及以上城市整体回归结果可以看出，采用空间面板杜宾模型的模型3和模型4的回归均呈现出非常好的拟合度。从生产性服务业专业化指数和多样化指数的回归结果来看，专业化程度的提高和多样化程度的提高均能提高本地工业的效率，与理论预期相同，但回归结果并没有通过显著性检验，其中可能是由于不同规模等级城市所处的发展阶段不同，生产性服务业发展模式对工业效率提升的作用机理存在显著差异，全国层面的回归模型中把不同规模等级城市混合在一起进行回归便难以呈现出显著的回归结果，本章后面分不同规模等级城市的回归结果印证了这一推论。从生产性服务业专业化指数和多样化指数对周边城市工业效率影响的回归结果来看，专业化指数和多样化指数的空间滞后项回归系数分别通过5%和1%的显著性检验，并且从回归系数的符号来看，生产性服务业专业化程度越低，多样化程度越高的城市对周边城市工业劳动生产率提升的空间溢出效应越强。由此印证了前文的理论假设2，生产性服务业多样化程度高的城市由于其生产服务功能的多样化和全方位发展，可以辐射带动周边城市的工业效率提升，专业化程度较强的城市则难以对周边城市工业产生正向的空间溢出效应。

模型3和模型4中控制变量的回归结果基本符合理论预期。其中，各城市工业效率之间的溢出效应非常明显，存在显著的空间正相关性，这与前文Moran'I指数测算出的结果一致；上一年工业效率显著地影响当期的工业效率，通过了1%的极显著检验；人均资本投入水平的提高也能显著地促进工业效率的提高，一个城市的人均资本投入水平每提高10%，工业的劳动生产率则会提升2.4%；劳动力工资水平的回归系数没有通过显著性检验，但其符号为负，在一定程度上反映出劳动工资上升对工业发展带来的主要影响是提高了经营成本，压缩了企业利润，从而降低了企业劳动生产率；政府规模的回归系数显著为负，证实了政府干预对工业劳动生产率提升具有明显的负向影响，这与陆铭和向宽虎[1]、于斌斌和金刚[2]的研究结论相似；基础设施水平的回归系数虽没通过显著

---

[1] 陆铭，向宽虎. 地理与服务业：内需是否会使城市体系分散化 [J]. 经济学（季刊），2012, 11（3）：1079-1096.
[2] 于斌斌，金刚. 中国城市结构调整与模式选择的空间溢出效应 [J]. 中国工业经济，2014（2）：31-44.

性检验，但回归符号为正，一定程度上反映了良好的基础设施水平可以降低要素流通的交易成本，提升工业劳动生产率；外商投资的技术溢出效应为正，但不显著，其中可能是外商投资在中国的空间分布极不均衡，大部分集中在东部沿海地区，而中西部地区的外商投资非常少，导致在全国层面的回归模型中外商投资水平的影响不显著。

二、空间溢出范围实证结果分析

为了揭示生产性服务业的发展模式对周边城市工业效率的溢出效应随空间范围的变化情况，本研究对上文选择的最优模型——空间面板杜宾模型（SDM）中的空间权重矩阵设定从50km到2400km之间的距离阈值，分别进行回归得出各距离阈值下的空间溢出系数（见表3-2）。

从表3-2显示的结果可以看出，生产性服务业专业化程度对周边城市工业效率的空间滞后回归系数在0~2400km范围内基本上都不显著，并且当空间权重矩阵的距离阈值增加到900km以后，空间滞后回归系数的符号全部为负号，更进一步印证了生产性服务业专业化的发展模式由于其结构的相对单一性，难以对周边工业效率的提升产生显著的溢出效应。

<<< 第三章 中国生产性服务业模式选择对工业效率的影响

表3-2 空间溢出系数随空间范围的变化情况

阈值(km)	WRZI θ_1	t	WRDI θ_2	t	阈值(km)	WRZI θ_1	t	WRDI θ_2	t
50	−1.1970	(−1.34)	0.1360	(0.35)	1100	−0.0209	(−0.35)	0.0538***	(2.76)
100	0.1860	(0.34)	0.5810***	(2.82)	1200	−0.0331	(−0.51)	0.0619***	(2.99)
150	−0.2460	(−0.53)	0.2640*	(1.65)	1300	−0.0492	(−0.73)	0.0666***	(3.11)
200	0.0143	(0.03)	0.1630	(1.17)	1400	−0.0566	(−0.77)	0.0723***	(3.19)
250	0.2180	(0.55)	0.1890*	(1.67)	1500	−0.0641	(−0.81)	0.0725***	(3.06)
300	0.3270	(0.85)	0.1840	(1.52)	1600	−0.0770	(−0.93)	0.0773***	(3.19)
350	0.2020	(0.53)	0.2200*	(1.93)	1700	−0.0906	(−1.00)	0.0827***	(3.26)
400	0.0458	(1.43)	0.0024	(0.21)	1800	−0.1330	(−1.31)	0.0878***	(3.36)
500	0.0249	(0.70)	0.0082*	(1.72)	1900	−0.1600	(−1.48)	0.0958***	(3.59)
600	0.0361	(0.95)	0.0109	(0.76)	2000	−0.1940*	(−1.72)	0.1020***	(3.72)
700	0.0236	(0.59)	0.0202	(1.31)	2100	−0.1870	(−1.59)	0.1080***	(3.84)
800	0.0054	(0.13)	0.0319*	(1.94)	2200	−0.2080*	(−1.70)	0.1120***	(3.93)
900	−0.0010	(−0.02)	0.0390**	(2.24)	2300	−0.1980	(−1.58)	0.1130***	(3.92)
1000	−0.0030	(−0.06)	0.0443**	(2.41)	2400	−0.2230*	(−1.74)	0.1210***	(4.15)

注：括号内为t统计值，***、**、*分别表示1%、5%和10%的显著水平。
资料来源：作者基于stata软件估计。

53

而生产性服务业多样化程度对周边城市工业效率的影响在0~2400km范围内均呈现出正向溢出效应，且大部分空间滞后回归系数都通过了显著性检验，多样化程度越高的城市对周边工业效率提升的拉动作用越强；并且从图3-4可以看出，在0~350km范围内空间滞后回归系数相对较大，空间溢出效应一直较强，当地理距离超过350km后溢出效应出现了明显的下降，可以在一定程度上说明从全国整体层面来看，350km是生产性服务业多样化程度对周边工业效率提升发挥溢出效应的最大距离。其中，0~100km内生产性服务业多样化指数的空间滞后回归系数最大，并通过了1%的极显著性检验。通过观察各城市间的距离后发现，0~100km范围内均是空间相邻城市，由此说明生产性服务业多样化程度对工业效率提升的空间溢出效应在相邻城市之间表现最强，且非常显著。

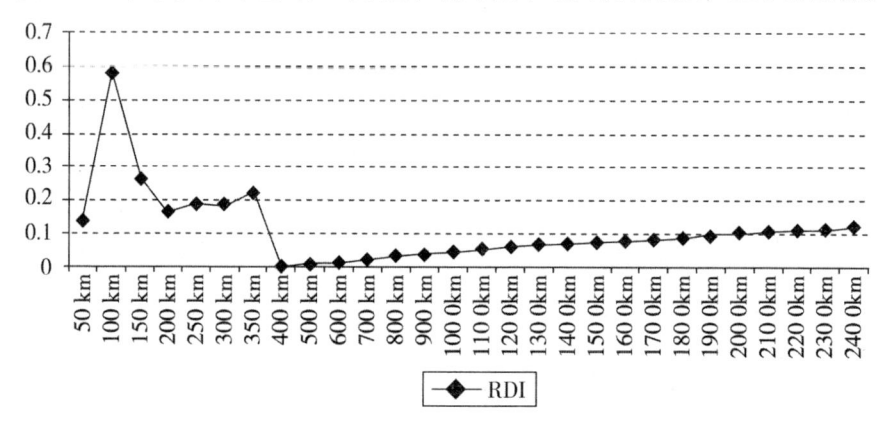

图3-4 生产性服务业多样化指数对工业效率的空间效应随空间范围的变化

资料来源：作者绘制。

三、不同规模等级城市实证结果分析

由前文分析可知，不同规模等级的城市由于所处的城市发展阶段不同，本地工业发展对生产性服务业的需求规模和门类也存在一定的差异，各规模等级城市在以提升本地工业效率为目标导向下的生产性服务业发展模式选择存在差异化。为了揭示和验证以上推论，本研究分别对超大城市、特大城市、大城市、中等城市和小城市的生产性服务业专业化指数、多样化指数对工业劳动生产率的影响进行回归分析（见表3-3）。为了使分析聚焦于本书关注的核心变量——

生产性服务业专业化程度和多样化程度，表3-3中没有列出其他控制变量的回归结果。从不同等级规模城市控制变量的回归结果可以得到以下发现：人均资本投入水平对所有规模等级城市工业效率提升均具有极显著的促进作用；政府干预对工业劳动生产率提升的负向影响在超大城市和特大城市中表现得最为突出；外商投资的技术溢出效应在大型城市表现得极为突出，而在中小城市则表现得非常微弱，验证了前文分析中指出的中国外商投资空间分布的极不均衡性。

表 3-3 不同等级规模城市的估计结果

解释变量	超大城市 模型 9	超大城市 模型 10	特大城市 模型 9	特大城市 模型 10	大城市 模型 9	大城市 模型 10	中等城市 模型 9	中等城市 模型 10
RZI	-0.0070		0.0106		-0.0060		0.0610*	
	(-0.08)		(0.14)		(-0.35)		(1.87)	
RDI		0.0141		0.0273**		0.0018		-0.0145
		(0.87)		(1.99)		(0.34)		(-1.19)
N	60	60	150	150	1900	1900	580	580
R^2	0.9340	0.9350	0.9050	0.9080	0.8560	0.8560	0.8120	0.8120

解释变量	小城市 模型 9	小城市 模型 10	城区常住人口100万以上城市 模型 9	城区常住人口100万以上城市 模型 10	城区常住人口100万以下城市 模型 9	城区常住人口100万以下城市 模型 10
RZI	0.0374		-0.0045		0.0718**	
	(0.81)		(-0.28)		(2.54)	
RDI		-0.0661**		0.0058		-0.0232**
		(-2.38)		(1.19)		(-2.03)
N	150	150	2110	2110	730	730
R^2	0.8770	0.8820	0.8580	0.8580	0.8170	0.8160

注：括号内为 t 统计值，***、**、* 分别表示 1%、5% 和 10% 的显著水平。
资料来源：作者基于 stata 软件估计。

从回归结果可以看出，五个等级规模城市的回归结果都具有非常高的拟合优度。从各规模等级城市生产性服务业专业化指数和多样化指数回归系数来看：

（1）超大城市、特大城市和大城市生产性服务业多样化程度对工业效率都具有正向影响。虽然超大城市和大城市的回归系数没有通过显著性检验，但符号为正；特大城市生产性服务业多样化程度提高对工业效率的拉动效应显著。对比超大城市、特大城市和大城市生产性服务业专业化指数和多样化指数回归系数还可以发现，三个类型城市回归结果均显示出多样化模式相对于专业化模式而言，更适合于大型城市工业效率的提升。由此表明，在工业效率提升导向下，超大城市、特大城市和大城市生产性服务业应采用多样化发展模式。

（2）中等城市和小城市生产性服务业专业化指数和多样化指数回归系数结果与大型城市的回归结果正好相反，中等城市生产性服务业专业化指数的回归系数显著为正，小城市生产性服务业多样化指数的回归系数显著为负。综合对比分析可以得出，中小城市生产性服务业专业化模式相对于多样化模式而言，更适合于提升工业生产效率，应采用专业化发展模式。

为了更清晰地揭示不同规模城市生产性服务业发展模式选择的差异性，本研究进一步将中国284个地级及以上城市城区常住人口100万为界分成两组进行回归[①]，结果显示当城区常住人口100万以下时，城市应该专注于特色化生产性服务业行业的发展以满足本地工业效率提升的需求，而当城区常住人口在100万以上后，城市生产性服务业的发展模式应选择多样化，以满足本地工业发展所需的多样化生产服务需求，提升生产效率。

第五节 本章小结

本章从机理上分析了生产性服务业模式选择对工业效率提升的影响机制，并实证研究了生产性服务业的专业化、多样化指数对本地工业效率提升的影响，对周边城市工业效率的空间溢出效应及其随距离的变化。并基于城市规模分组

---

① 城区常住人口100万是国务院最新划定的区分大型城市和中小城市的划分界限。

回归提出了不同规模等级城市合理的生产性服务业发展模式。主要结论如下：

（1）生产性服务业专业化程度越低，多样化程度越高的城市对周边城市工业劳动生产率提升的空间溢出效应越强，且在100千米范围内的空间溢出效应最强，当地理距离超过350千米后溢出效应明显下降。

（2）随着城市规模的扩大，中国城市生产性服务业的专业化程度逐渐下降，多样化程度逐渐上升，且中国超大城市生产性服务业发展模式由专业化向多样化转变，而特大城市、大城市、中等城市和小城市仍处于专业化程度不断上升的过程，且专业化集中体现在科技服务业、金融服务业和商务服务业三个部门。

（3）超大城市、特大城市和大城市生产性服务业应选择多样化发展模式促进工业效率的提升，其中特大城市生产性服务业多样化程度提高对工业效率的拉动效应显著；而城区常住人口在100万以下的中等城市和小城市则应专注于某些特色专业化生产性服务业部门的发展来提升本地工业效率。

第四章

京津冀生产性服务业空间分工特征与溢出效应[①]

生产性服务业在京津冀地区的合理分工对于实现京津冀地区空间协调发展具有非常重要的推动作用。鉴于服务业内部各行业功能属性的差别，本研究分别揭示了生产性服务业、生活性服务业和公共服务业等不同类型服务业在京津冀的空间分布特征与问题，并聚焦于生产性服务业，测算了京津冀生产性服务业分工的空间特征与行业特征，并基于空间面板计量模型，实证检验了生产性服务业各行业在京津冀地区城市之间的空间外溢效应。

第一节 服务业空间分布的特征与问题

随着产业结构的转型升级，京津冀地区服务业不断发展，2022年服务业增加值占GDP的比重达到65.6%，已超越第二产业成为区域经济增长的主要推动力。服务业在京津冀地区的合理分工布局对于推进京津冀地区协同发展具有非常重要的推动作用。然而目前京津冀地区服务业存在空间分布高度不均衡，生产性服务和优质公共服务过度集聚在北京，河北服务业发展相对比较薄弱，区域性中心城市辐射服务能力不足等一系列突出问题。由此给北京的人口资源环境带来较大压力，同时阻碍了天津和河北两地制造业水平的快速提升和公共服务条件的显著改善，整体上制约了京津冀地区服务业的协调和快速发展。本节

[①] 本章部分内容已发表：席强敏，李国平. 京津冀生产性服务业空间分工特征及溢出效应[J]. 地理学报，2015，70（12）：1926-1938.

鉴于服务业内部各行业功能属性的差别，将分别揭示生产性服务业、生活性服务业和公共服务业等不同类型服务业在京津冀的空间分布特征与问题。

20世纪80年代中期以来，受改革开放等经济政策驱动，京津冀服务业呈现出快速发展的趋势，产业规模稳步增长，占GDP的比重逐年攀升。1999年京津冀服务业增加值占GDP比重首次超越第二产业，成为京津冀地区经济发展的主要支撑，2022年服务业增加值达到65803.6亿元，占GDP的65.6%。

从服务业在京津冀三地的空间分布来看（见图4-1），20世纪90年代京津冀服务业的快速发展主要受北京服务业发展的带动，北京服务业增加值占京津冀服务业的份额呈明显上升态势，2002年开始占比超过一半，之后份额一直大于50%。2008年—2014年，随着天津服务化进程的加速，北京服务业在京津冀区域的份额略微下降，天津服务业在京津冀区域的份额明显上升，由2008年的14.3%上升到2014年的16.9%，削弱了北京服务业在京津冀地区的中心性，但仍不到北京服务业增加值规模的一半。2014年以来，天津经济增长动力不足，服务业增加值在京津冀的份额也呈明显下降趋势，2022年占比降为15.2%，北京服务业在京津冀区域的核心地位仍然显著，服务业增加值占区域的份额高达53.0%，约是天津服务业规模的3.5倍。

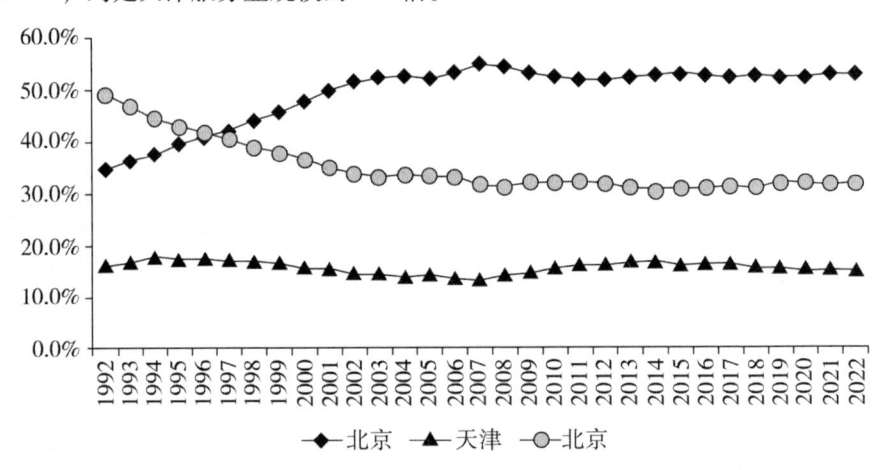

图4-1 1992年—2022年京津冀三地服务业增加值占区域的份额

资料来源：作者基于国家统计局数据测算。

从城市层面来看，北京、天津的服务中心地位显著（见图4-2）。在河北11个地级城市中，石家庄、唐山、保定、廊坊、沧州的服务业规模相对较大，2021年服务业增加值规模均突破两千亿，占河北的份额分别为19.4%、15.4%、11.4%、10.7%、10.5%。而承德、衡水和张家口的服务业发展相对较慢。从城市产业内部结构来看，在京津冀地区13个地级以上城市中除唐山、邯郸、邢台和承德以外，其余城市服务业占GDP的比重均超过了50%，且从2013年—2021年服务业占比的比重来看，京津冀产业结构服务化转型速度较快，所有城市的服务业占比均有所提高，其中保定和廊坊随着京津冀协同发展战略的深入推进，服务业发展较为迅速，增加值占GDP的比重在2013年—2021年期间分别上升了20.0和23.2个百分点。

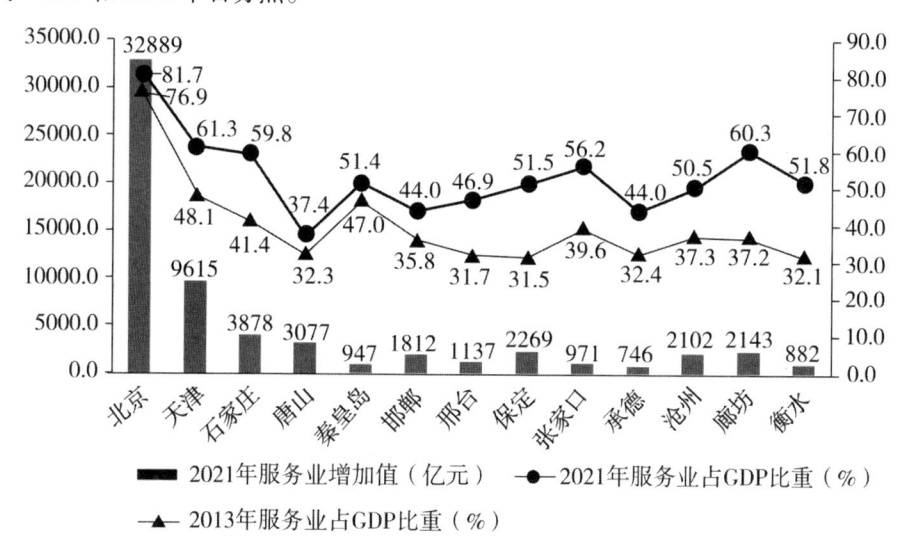

图 4-2 2021年京津冀服务业增加值及其占城市GDP的比重

资料来源：作者基于国家统计局数据测算。

按照服务的对象和提供服务的主体的不同，本研究将服务业分为生产性服务业、生活性服务业和公共服务业等三大部门，并结合《国民经济行业分类（GB/T 4754-2011）》对三大服务业部门进行分类界定和分析。其中，生产性服务业是一种中间投入，服务对象主要以生产者为主，包括交通运输、仓储和邮政业，信息传输、计算机服务和软件业，金融业，房地产业，租赁和商务服务业，科学研究、技术服务和地质勘查业六个行业。生活性服务业则以最终消费者为主要服务对象，包括批发零售业，住宿餐饮业，居民服务和其他服务业，文化、体育和娱乐业四个行业。公共服务业的服务对象同样以最终消费者为主，但其提供的服务产品是公共产品，提供主体以政府部门为主，包括水利、环境和公共设施管理业，教育，卫生、社会保障和社会福利业，公共管理和社会组织四个行业。关于各城市服务业细分行业的从业人数数据远比产值数据全面，因此本研究采用京津冀各地级市服务业细分行业的从业人员数据进行分析，数据来源于2014年和2020年的《中国城市统计年鉴》。

从表4-1显示的2019年京津冀各城市服务业内部结构可以看出，北京的服务功能主要集中于生产性服务，天津在生产性服务、生活性服务和公共服务三个部门的经济活动分布相对比较均衡，而河北各城市的服务功能则主要集中于公共服务，生产性服务相对比较薄弱，其中衡水75.9%的服务业从业人员分布在公共服务部门，而只有13.4%的服务业从业人员分布在生产性服务部门。

表4-1 2019年京津冀各城市服务业内部结构

	生产性服务业	生活性服务业	公共服务业
北京	59.8%	17.3%	22.9%
天津	47.1%	21.0%	31.9%
石家庄	39.3%	12.3%	48.4%
唐山	27.4%	9.2%	63.4%
秦皇岛	30.3%	7.7%	62.0%
邯郸	20.5%	6.9%	72.6%
邢台	18.3%	5.0%	76.6%
保定	31.2%	7.5%	61.2%
张家口	25.5%	7.8%	66.7%
承德	24.0%	6.4%	69.6%
沧州	27.5%	6.7%	65.8%
廊坊	24.0%	5.5%	70.5%
衡水	13.4%	10.7%	75.9%

资料来源：作者基于《中国城市统计年鉴》数据测算。

一、生产性服务业空间分布特征与问题

1. 生产性服务业高度集中在北京，河北大部分地区缺乏区域性生产性服务中心带动

2019年北京生产性服务业从业人数占京津冀地区生产性服务业从业人数的比例高达68.0%，但从动态变化上呈现集中度略微下降的趋势，2013年—2019年期间比重下降了0.7个百分点（见图4-3）。天津在京津冀生产性服务业空间格局中处于次中心地位，2019年占区域生产性服务业从业人数的比例为13.4%。石家庄的生产性服务业发展虽远落后于北京、天津两个超大城市，但在河北仍处于区域性中心地位，占河北生产性服务业的份额高达28.2%。除石家庄以外，河北其他城市生产性服务业发展都比较落后，尤其是衡水、承德、邢台的生产性服务业就业人数均非常少，占京津冀地区的比重均不足1.0%，缺乏区域性生产性服务中心带动。

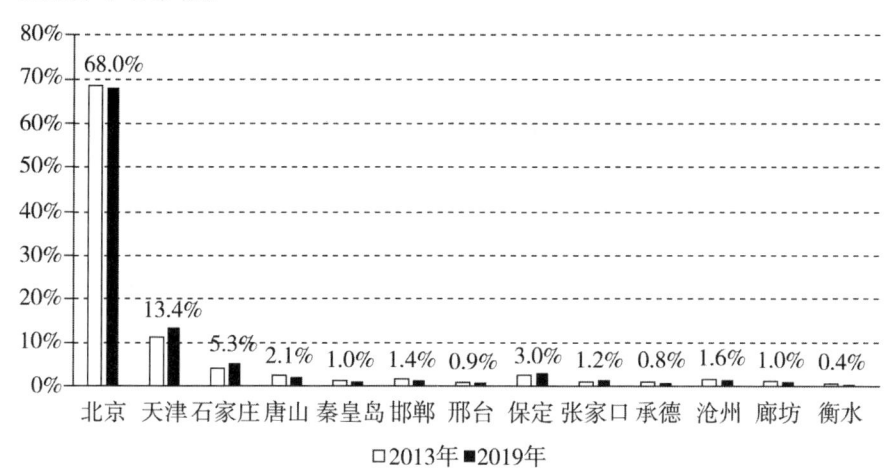

图4-3 2013年、2019年各城市生产性服务业就业人数占京津冀地区比重

资料来源：作者基于《中国城市统计年鉴》数据测算。

2. 京津生产性服务业分工程度较低，且呈下降趋势

借鉴克鲁格曼专业化指数，通过测算城市之间生产性服务业内部结构的差异性反映城市之间生产性服务业的分工程度。如果专业化指数等于0，则说明城

市之间生产性服务业产业分工完全同构，而如果专业化指数等于2，则说明城市之间生产性服务业的产业结构完全不相同，两者之间生产性服务业产业分工完全专业化。经过测算，2013年北京—天津生产性服务业相对专业化指数仅为0.33，且在2013年—2019年期间下降了0.08，分工程度呈现下降趋势。京津生产性服务功能互补合作的格局尚未形成。

3. 河北各城市大多专注于金融服务业和交通运输业发展，多样化程度有待提高

运用区位商来测算城市各生产性服务行业在京津冀地区的相对专业化程度。经测算得出，在京津冀生产性服务业的分工体系中，北京和天津生产性服务业多样性较强，而河北11个城市的生产性服务业的专业化程度相对较高，每个城市都有2~3个相对专业化程度较高的生产性服务行业，并且大多专注于金融服务业和交通运输业的发展（见表4-2）。

表4-2　2019年京津冀各城市生产性服务业相对专业化情况

	交通运输、仓储和邮政业	信息传输、计算机服务和软件业	金融业	房地产业	租赁和商务服务业	科学研究、技术服务和地质勘查业
北京	0.93	1.23	0.78	1.02	1.03	1.05
天津	1.19	0.48	1.22	1.18	1.09	0.86
石家庄	1.12	0.86	1.28	0.95	1.04	0.68
唐山	1.51	0.32	2.00	0.68	0.81	0.40
秦皇岛	1.70	0.47	1.91	0.64	0.42	0.63
邯郸	1.67	0.36	1.53	0.60	1.03	0.62
邢台	1.14	0.38	2.27	0.80	0.56	0.55
保定	0.59	0.32	1.61	0.44	0.73	2.06
张家口	1.14	0.52	1.72	1.26	0.72	0.58
承德	1.15	0.77	1.56	0.81	0.70	0.85
沧州	1.00	0.24	2.17	0.34	0.79	1.03
廊坊	0.94	0.44	1.17	2.26	0.59	0.99
衡水	1.01	0.79	1.92	0.58	0.73	0.65

资料来源：作者基于《中国城市统计年鉴》数据测算。

二、生活性服务业空间分布特征与问题

1. 生活性服务业高度集聚在北京，河北各城市生活性服务业规模与人口规模匹配度相对较低

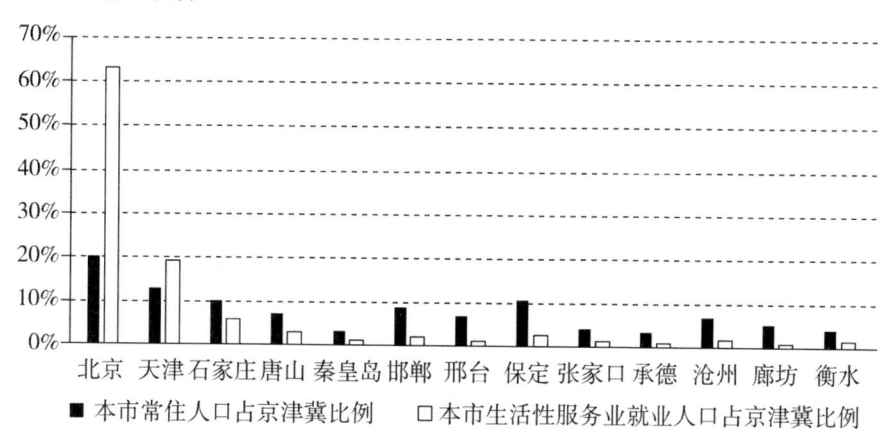

图 4-4　2019 年各城市常住人口及生活性服务业就业人数占京津冀地区比重

资料来源：作者基于《中国城市统计年鉴》数据测算。

生活性服务业的服务对象是个体消费者，人口规模越大的地区，对生活性服务的市场需求规模大。区域内合理的生活性服务业空间分布应与人口空间分布相匹配，因此本书以京津冀生活性服务业空间分布与常住人口空间分布的匹配分析来揭示生活性服务业的空间分布特征与问题（见图 4-4）。2019 年北京常住人口规模占京津冀的比例为 19.8%，但生活性服务业从业人数占京津冀的比例高达 63.1%，人均生活性服务资源在京津冀地区相对较高。天津是京津冀生活性服务业的次级中心，2019 年天津生活性服务业从业人数占京津冀的比例达到 19.1%，略高于其常住人口规模在京津冀的占比。河北的生活性服务业发展则严重滞后，2019 年河北省常住人口规模占京津冀的比例为 67.6%，但生活性服务业从业人数占京津冀地区的比例仅有 17.9%，人均生活性服务资源相对不足，难以充分满足当地居民的生活服务需求。2013 年—2019 年，北京生活性服务业从业人数占京津冀的比例上升了 1.5 个百分点，中心性有所上升。天津的生活性服务业发展较慢，生活性服务业从业人数占京津冀的比例下降了 4.5

个百分点。河北各地级市虽然近年来生活性服务业有所发展，但其与北京、天津之间的差距并没有缩小，石家庄、保定、沧州、唐山、邯郸等大部分城市生活性服务业规模与人口规模匹配度较低，未来需要大力加快生活性服务业发展。

2. 河北大部分城市批发零售业专业化程度相对较高，居民服务、住宿餐饮、文化体育等生活服务需要不断提升

运用区位商测算京津冀地区各城市生活性服务业各行业的相对专业化程度。由表4-3可以看出，北京在文化、体育和娱乐业以及住宿餐饮业两个行业方面具有比较优势，天津在居民服务和其他服务业的专业化程度很高，而河北省大部分城市的批发零售业专业化程度较高，其他生活性服务业发展相对不足。

表4-3 2019年京津冀各城市生活性服务业相对专业化情况

	批发零售业	住宿餐饮业	居民服务和其他服务业	文化、体育和娱乐业
北京	0.94	1.17	0.68	1.14
天津	1.05	0.80	2.15	0.43
石家庄	1.17	0.71	0.47	1.14
唐山	1.33	0.54	0.21	0.95
秦皇岛	0.92	0.95	0.71	1.58
邯郸	1.19	0.63	0.23	1.34
邢台	1.26	0.51	0.24	1.24
保定	1.07	0.49	2.46	0.64
张家口	0.95	0.68	1.79	1.25
承德	0.94	0.74	0.29	2.09
沧州	1.10	0.37	1.46	1.36
廊坊	1.23	0.59	0.72	0.94
衡水	1.28	0.42	1.21	0.72

资料来源：作者基于《中国城市统计年鉴》数据测算。

3. 北京的宜居性进一步增强，天津和河北的居民服务水平相对落后

2013年—2019年，北京的批发零售业从业人数占京津冀的份额有所下降，而住宿餐饮业，居民服务和其他服务业，文化、体育和娱乐业的份额则进一步增加，其作为核心城市的宜居性进一步增强（见表4-4）。天津的变化情况则刚好相反，批发零售业份额和住宿餐饮业份额有所增加，而其他两类产业则有明显下降，尤其是居民服务和其他服务业占京津冀比例从50.60%下降到41.08%。河北各城市除了居民服务和其他服务业在京津冀的占比略有上升外，其他三个行业的份额都保持稳定甚至略有下降。

表4-4 2013年、2019年各城市生活性服务业细分行业就业人数占京津冀地区的比例

城市	批发零售业		住宿餐饮业		居民服务和其他服务业		文化、体育和娱乐业	
	2013年	2019年	2013年	2019年	2013年	2019年	2013年	2019年
北京	60.20%	59.52%	69.50%	73.81%	42.40%	43.10%	70.60%	71.74%
天津	15.00%	19.94%	14.70%	15.32%	50.60%	41.08%	8.90%	8.28%
石家庄	4.90%	6.16%	3.40%	3.76%	1.00%	2.50%	5.90%	6.04%
唐山	5.00%	2.97%	1.70%	1.22%	0.70%	0.47%	2.10%	2.13%
秦皇岛	1.00%	0.72%	1.20%	0.75%	0.60%	0.56%	2.00%	1.24%
邯郸	2.80%	1.78%	1.50%	0.95%	0.80%	0.34%	1.80%	2.01%
邢台	1.50%	0.96%	1.10%	0.39%	0.40%	0.18%	1.00%	0.95%
保定	2.90%	2.53%	1.90%	1.16%	0.70%	5.82%	1.70%	1.51%
张家口	1.90%	1.13%	1.50%	0.81%	1.40%	2.13%	1.30%	1.49%
承德	0.90%	0.66%	0.80%	0.52%	0.80%	0.20%	1.50%	1.47%
沧州	1.50%	1.37%	0.90%	0.46%	0.20%	1.82%	1.60%	1.70%
廊坊	1.00%	0.92%	1.10%	0.45%	0.40%	0.54%	0.70%	0.71%
衡水	1.40%	1.32%	0.60%	0.43%	0.10%	1.25%	0.90%	0.74%

资料来源：作者基于《中国城市统计年鉴》数据测算。

三、公共服务业空间分布特征与问题

1. 公共服务业集中在北京，保定公共服务业规模与人口规模匹配度相对最低

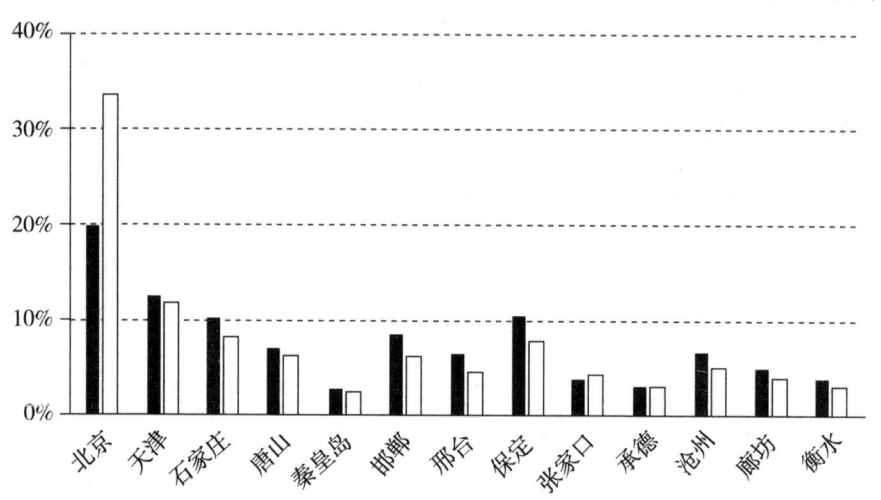

■ 本市常住人口占京津冀比例　　□ 本市生活性服务业就业人口占京津冀比例

图 4-5　2019 年各城市常住人口及公共服务业就业人数占京津冀地区比重

资料来源：作者基于《中国城市统计年鉴》数据测算。

如图 4-5 所示，2019 年北京公共服务业从业人数占京津冀地区的比例达 33.5%，大量的国家职能部门和医疗、教育等公共服务资源集中在北京，除了满足北京本地居民的需求外还为津冀两地居民提供服务。而天津的公共服务业就业规模与其人口规模相对较为匹配。河北大部分城市的公共服务业就业人数占京津冀比例低于其常住人口占京津冀比例，其中保定常住人口规模占京津冀的比例为 10.5%，而公共服务业就业人数占京津冀的比例仅为 7.7%，公共服务业规模与人口规模匹配度相对最低。

2. 近十年来京津冀公共服务业仍呈向北京集聚趋势，均衡化程度略有降低

从 2013 年—2019 年的动态变化来看，北京公共服务业人口占京津冀的比例略有上升，天津和河北则都略有下降，由此表明近十年京津冀地区公共服务的均衡化程度略有降低，公共服务资源处于向北京集聚的阶段。从 2013 年—2019

年公共服务业细分行业空间分布变化来看（见表4-5），北京水利、环境和公共设施管理业从业人数占京津冀的份额上升幅度较大，提高了10.5个百分点；天津四个细分行业就业人数在京津冀地区的占比均略有下降。在京津冀协同发展上升到国家战略、北京疏解非首都功能的新形势下，需重点加快北京公共服务向周边地区的疏解，促进京津冀公共服务均衡化。

表4-5 2013年、2019年各城市公共服务业细分行业就业人数占京津冀地区比重

城市	水利、环境和公共设施管理业 2013年	水利、环境和公共设施管理业 2019年	教育 2013年	教育 2019年	卫生、社会保障和社会福利业 2013年	卫生、社会保障和社会福利业 2019年	公共管理和社会组织 2013年	公共管理和社会组织 2019年
北京	38.80%	49.30%	30.10%	33.13%	36.90%	36.33%	31.30%	30.06%
天津	16.30%	14.66%	12.40%	11.65%	13.80%	13.05%	10.70%	10.56%
石家庄	7.30%	6.42%	8.10%	8.87%	7.40%	8.08%	7.30%	8.33%
唐山	6.90%	6.23%	6.00%	6.08%	6.10%	6.31%	6.60%	6.33%
秦皇岛	2.60%	2.13%	2.70%	2.55%	3.10%	2.50%	3.10%	2.66%
邯郸	6.00%	4.99%	7.40%	6.70%	5.60%	5.89%	7.00%	6.37%
邢台	3.70%	3.33%	4.70%	4.73%	3.80%	4.04%	5.10%	5.16%
保定	3.40%	1.79%	8.10%	8.44%	6.60%	7.11%	7.40%	8.16%
张家口	4.40%	4.17%	3.80%	3.09%	3.50%	3.02%	5.00%	5.70%
承德	3.00%	1.56%	3.00%	2.90%	2.80%	2.88%	3.50%	3.54%
沧州	3.40%	1.49%	5.90%	5.08%	4.60%	4.58%	5.50%	5.59%
廊坊	2.60%	1.52%	3.80%	3.90%	2.80%	3.55%	4.50%	4.34%
衡水	1.60%	2.41%	3.90%	2.89%	2.90%	2.67%	3.00%	3.21%

资料来源：作者基于《中国城市统计年鉴》数据测算。

第二节 生产性服务业空间分工特征

目前京津冀地区生产性服务空间分布高度不均衡，2019年京津冀地区68.0%的生产性服务业就业集中在北京。并且从动态上看，2003年—2019年期

间北京生产性服务业就业占京津冀地区的份额上升了 2.2 个百分点，呈现进一步集聚的态势。在京津冀协同发展加速推进的背景下，构建联动发展的生产性服务业分工格局对于促进京津冀地区协调发展具有非常重要的意义。本研究将以京津冀地区为例，研究该地区生产性服务业分工的空间特征和行业特征，并基于空间面板计量模型，实证检验生产性服务业各部门在京津冀地区分工的空间溢出效应，以评价生产性服务业各行业空间分工的合理性，提出未来调整的重点。

一、产业分工程度测度指标说明

本研究对产业分工的测度主要是用各空间单元产业结构的差异性衡量，当空间单元之间产业结构相差较大时，说明空间单元之间的产业差异化发展程度较高，即分工水平较高，反之则说明空间单元之间同质化程度较高，分工水平较低。同时为了全面揭示京津冀地区生产性服务业分工的空间特征和行业特征，本研究还借鉴了国内其他学者的指标测度方法，选择了城市相对专业化指数、城市间相对专业化指数、行业相对专业化指数和行业地方化指数等四个指标来进行测度。

（一）城市相对专业化指数

用城市相对专业化指数测度某一城市生产性服务业各行业的专业化系数与城市群其他城市相应行业的专业化系数差的绝对值之和，衡量某一城市与城市群其他地区生产性服务业产业结构的差异程度，反映其在城市群生产性服务业分工中的专业化程度。

$$Sd_i(t) = \sum_{k=1}^{n} \left| \frac{E_{ik}(t)}{E_i(t)} - \frac{\sum_{i \neq j}^{m} E_{jk}(t)}{\sum_{k=1}^{n} \sum_{i \neq j}^{m} E_{jk}(t)} \right| \qquad 式（4-1）$$

其中 i、j、k 分别代表城市 i、城市 j、生产性服务业行业 k，$E_i(t)$、$E_{ik}(t)$ 则分别代表城市 i 生产性服务业总体、k 行业的从业人员数，m、n 分别代表城市数目和行业数目。$Sd_i(t)$ 越高，表示城市 i 在城市群生产性服务业分工中专业化程度较高，而 $Sd_i(t)$ 越低，则表示城市 i 在城市群生产性服务业分工中多样化程度较高。

(二) 城市间相对专业化指数

用城市间相对专业化分工指数测度城市群内城市之间生产性服务业产业结构的差异性，从而衡量城市群内城市之间生产性服务业的分工水平。

$$Sd_{ij}(t) = \sum_{k=1}^{n}\left|\frac{E_{ik}(t)}{E_{i}(t)} - \frac{E_{jk}(t)}{E_{j}(t)}\right| \qquad 式（4-2）$$

如果 $Sd_{ij}(t)$ 等于 0，则城市 i 和城市 j 之间生产性服务业产业分工完全同构，而如果 $Sd_{ij}(t)$ 等于 2，则城市 i 和城市 j 之间生产性服务业的产业结构完全不相同，两者之间生产性服务业产业分工完全专业化。

(三) 行业相对专业化指数

运用被广泛运用的区位商 $Lq_{ik}(t)$ 来测算 i 城市的 k 行业在京津冀地区的相对专业化程度。

$$Lq_{ik}(t) = \left(\frac{E_{ik}(t)}{E_{i}(t)}\right) \bigg/ \left(\frac{\sum_{i=1}^{m}E_{ik}(t)}{\sum_{k=1}^{n}\sum_{i=1}^{m}E_{ik}(t)}\right) \qquad 式（4-3）$$

(四) 行业地方化指数

借鉴樊福卓的方法[①]，运用"行业的地方化指数"来测度生产性服务业各行业在京津冀各城市产业结构中的差异性。

$$Id_{k}(t) = \frac{1}{2}\sum_{i=1}^{m}\left\{|S_{ik} - S_{k}|\sum_{i=1}^{m}E_{ik}(t)\right\} \bigg/ \sum_{i=1}^{m}E_{ik}(t) \qquad 式（4-4）$$

其中 $S_{ik} = \frac{E_{ik}(t)}{E_{i}(t)}$，$S_{ik} = \sum_{i=1}^{m}E_{ik}(t) \bigg/ \sum_{k=1}^{n}\sum_{i=1}^{m}E_{ik}(t)$。$Id_{k}(t)$ 值越大，说明 k 行业在京津冀地区每个城市的生产性服务业中的占比结构差异性越大，即地方化程度较高，反之则表示 k 行业在京津冀地区的地方化程度较低。

二、空间分工特征

从 2013 年—2019 年京津冀各城市生产性服务业相对专业化程度及专业化行业的测算结果（见表 4-6）可以发现：2019 年北京、天津两个超大城市和作为

[①] 樊福卓. 长江三角洲地区服务业分工分析 [J]. 当代经济管理. 2009 (8): 53-56.

区域性中心城市的石家庄的生产性服务业相对专业化程度都比较低,其中石家庄的相对专业化程度在13个城市中最低,由此说明在京津冀生产性服务业的分工体系中,中心城市都呈现出多样化的特征,并且从动态变化上可以看出中心城市的生产性服务业多样化程度仍在提高,满足不同类型制造业需求的生产性服务功能不断完备。其他城市的生产性服务业专业化程度则相对较高,并且大多专注于金融服务业和交通运输业的发展。

表4-6 2003年—2019年京津冀各城市生产性服务业相对专业化指数

	2003年	2013年	2019年
北京	0.64	0.31	0.35
天津	0.28	0.24	0.26
石家庄	0.46	0.32	0.17
唐山	0.66	0.39	0.59
秦皇岛	0.73	0.60	0.61
邯郸	0.53	0.50	0.45
邢台	0.56	0.45	0.57
保定	0.42	0.46	0.62
张家口	0.46	0.34	0.41
承德	0.51	0.42	0.28
沧州	0.60	0.46	0.50
廊坊	0.38	0.23	0.37
衡水	0.58	0.61	0.38

资料来源:作者基于《中国城市统计年鉴》数据测算得出。

对比分析北京、天津两大城市与京津冀地区其他城市的生产性服务业相对专业化指数可以看出(见表4-7):北京与京津冀地区其他城市的生产性服务业相对专业化指数相对较高,并且从动态上呈现下降的趋势,即北京与其他城市的生产性服务业内部结构的差异性逐渐缩小;而天津与京津冀地区其他城市的生产性服务业相对专业化指数则明显较低。北京与天津之间的生产性服务业分工程度相对较低,并且在2003年—2019年,京津的生产性服务业结构呈现出趋同的趋势。

表4-7　2003年—2019年北京、天津与其他城市生产性服务业分工情况

北京—其他城市	2003年	2019年	2003年—2019年	天津—其他城市	2003年	2019年	2003年—2019年
秦皇岛	0.931	0.714	-0.217	保定	0.430	0.551	0.121
唐山	0.861	0.689	-0.172	秦皇岛	0.464	0.447	-0.017
邢台	0.749	0.683	-0.066	沧州	0.476	0.447	-0.029
保定	0.564	0.670	0.106	邢台	0.541	0.432	-0.109
沧州	0.800	0.597	-0.203	唐山	0.400	0.422	0.022
邯郸	0.742	0.544	-0.198	衡水	0.462	0.397	-0.065
张家口	0.676	0.512	-0.164	北京	0.467	0.325	-0.142
衡水	0.779	0.497	-0.282	廊坊	0.342	0.296	-0.046
廊坊	0.582	0.454	-0.128	邯郸	0.278	0.277	0.001
承德	0.707	0.393	-0.314	承德	0.341	0.241	-0.100
天津	0.467	0.325	-0.142	张家口	0.325	0.241	-0.084
石家庄	0.662	0.267	-0.395	石家庄	0.200	0.154	-0.046

资料来源:作者基于《中国城市统计年鉴》数据测算。

第三节　生产性服务业空间溢出效应检验

京津冀地区生产性服务业的产业活动在各城市之间存在空间相关性,当生产性服务业某行业的产业活动在各城市之间的空间相关性呈现正向的外溢效应,则有利于该行业在京津冀地区的协调发展,反之则说明该行业在京津冀地区的分工结构需要进行调整,以达到互利共赢的产业分工格局。本节将利用空间面

板计量模型,实证检验生产性服务业六个行业在京津冀地区分工的空间溢出效应,以对各行业分工结构的合理性进行评价。

一、变量说明

基于各空间单元数据无关联和匀质性假定的经典计量模型没有把空间相关性纳入模型中进行分析,而空间计量模型通过把空间结构权重矩阵纳入模型中,考虑了空间相关性的影响,使模型更贴近客观事实。空间计量模型按照数据的结构可以分为空间截面计量模型(空间单元某一年数据或者多年数据均值)和空间面板计量模型(空间单元多年数据)。空间截面计量模型简便易行,但仅仅用样本考察期内某一年数据进行估计,一方面,忽视了变量之间的影响在时间上的滞后效应,另一方面,也使得数据信息没有被充分利用,增加了结果的偶然性和随机性;而采用空间面板模型,扩大了观察值的数量,达到渐近性质对大样本的要求,由于对数据信息的利用充分,提高了模型的准确性。本节将利用京津冀地区13市生产性服务业行业的面板数据构建空间面板计量模型,模型拟采用的变量如表4-8所示。

表4-8 模型变量说明

	变量	符号	定义
被解释变量	生产性服务业行业发展水平	ps_i	i市t-1年生产性服务业行业就业人数的自然对数值
控制变量	生产性服务业行业滞后项	$ps_{i,t-1}$	i市t-1年生产性服务业行业就业人数的自然对数值
	制造业水平	$indu_{it}$	i市t年制造业就业人数的自然对数值
	信息化水平	$info_{it}$	i市t年信息化发展指数
	劳动力工资水平	$wage_{it}$	i市t年职工平均工资的自然对数值
	教育水平	edu_{it}	i市t年中学和高等学校在校学生数的自然对数值

本模型的被解释变量是用行业就业人数的对数来衡量各城市生产性服务

业细分行业的发展水平，模型关注的主要解释变量是加权后的周边城市生产性服务业细分行业发展水平，用以衡量城市之间同一生产性服务行业发展的空间相关性。为了增强模型的解释力，本模型还设立了一系列用于解释行业发展水平的控制变量。（1）行业的滞后项：用以代表行业发展对过去的依赖程度，预期符号为正；（2）制造业水平：用以代表生产性服务业行业在本地潜在的需求规模，预期符号为正；（3）信息化水平：信息化水平较高的地区交易费用相对较低，预期符号为正；（4）劳动力工资水平：既反映了劳动力投入成本，又在一定程度上反映了劳动力的素质水平，预期符号跟行业对劳动力的要求相关，方向不确定；（5）教育水平：衡量了地区的教育公共服务水平，预期符号为正。

二、空间权重矩阵的构建

空间结构是本研究重点考察的变量，通过空间权值矩阵 W 嵌入实证模型中。本研究构建了邻接空间权重矩阵、地理距离空间权重矩阵和经济特征空间权重矩阵，分别代表京津冀地区内城市的地理空间结构和经济空间结构。

（一）邻接空间权重矩阵

由于各城市间地理位置的邻近，产业的发展存在明显的空间相关。邻接空间权重矩阵 Wcontig 的构建是为了实证分析地理位置相邻的空间单元之间的空间相关性。设定的标准为矩阵对角线上元素为0，其他元素满足：

$$\omega_{i,j}=\begin{cases} 1 & i \text{ 和 } j \text{ 空间邻接} \\ 0 & i \text{ 和 } j \text{ 空间不邻接} \end{cases} \quad \text{式（4-5）}$$

邻接空间权重矩阵中包含两个重要假设：不相邻的空间单元不存在相互影响；相邻空间单元之间的相互影响是相同的。这两个假设在产业发展的研究中具有一定的局限性，例如，不与北京紧邻的石家庄的产业活动与北京的产业活动肯定存在一定的关联和相互影响；另外，与北京紧邻的天津和承德的产业活动对北京产业活动的影响肯定具有一定的差异性。因此，为了突破基于邻接空间权重矩阵研究的局限性，本研究还构建了地理距离空间权重矩阵和经济特征空间权重矩阵。

（二）地理距离空间权重矩阵

地理学第一定律指出：任何事物与其他周围事物之间均存在联系，而距离较近的事物总比距离较远的事物联系更为紧密。基于此，本研究构建了地理距离空间权重矩阵 $Winvsq$，构建的标准为：

$$\omega_{i,j} = \begin{cases} 1/d_{i,j} & i \neq j, \ d_{i,j} \text{代表} i\text{、} j \text{两城市地理中心的距离} \\ 0 & i = j \end{cases} \quad \text{式（4-6）}$$

（三）经济特征空间权重矩阵

不同空间单元产业活动之间的相关性除了受到地理邻近或者距离因素影响外，肯定还会受到经济因素的影响，其中一个重要的因素是地区经济发展水平的差异性，相邻地区间经济发展水平的差异程度越小，其经济上的相互联系强度就越大。基于此，本研究构建了经济特征空间权重矩阵 $Wecon$，构建标准为：

$$\omega_{i,j} = \begin{cases} 1/|Y_i - Y_j| \\ 0 \end{cases} \quad \text{式（4-7）}$$

$i \neq j$，Y_i、Y_j 分别代表研究时间段内 i、j 两城市 GDP 的均值
$i = j$

三、空间面板计量模型的选择

根据设定时对空间体现方式的不同，空间面板计量模型可以分为空间滞后模型（SAR 模型）、空间杜宾模型（SDM 模型）、空间误差模型（SEM 模型）。利用三个空间面板计量模型和选取的变量，对京津冀地区生产性服务业各部门空间分工效应进行实证研究，模型设定如下：

$Panel-SAR$：$ps_{i,t} = \alpha W ps_{i,t} + \varphi ps_{i,t-1} + \beta_1 ind_{i,t} + \beta_2 info_{i,t} + \beta_3 wage_{i,t} + \beta_4 edu_{i,t} + a_i + \gamma_t + \mu_{i,t}$ 式（4-8）

$Panel-SDM$：$ps_{i,t} = \alpha W ps_{i,t} + \varphi ps_{i,t-1} + \beta_1 ind_{i,t} + \beta_2 info_{i,t} + \beta_3 wage_{i,t} + \beta_4 edu_{i,t} + \theta W Z_{i,t} + a_i + \gamma_t + \mu_{i,t}$ 式（4-9）

$Panel-SEM$：$ps_{i,t} = \beta_1 ind_{i,t} + \beta_2 info_{i,t} + \beta_3 wage_{i,t} + \beta_4 edu_{i,t} + \theta W Z_{i,t} + a_i + \gamma_t + V_{i,t}, V_{i,t} = \lambda W v_{i,t} + \mu_{i,t}$ 式（4-10）

其中，$ps_{i,t}$、$ps_{i,t-1}$、$Wps_{i,t}$分别代表生产性服务业各行业及其时间滞后项和空间滞后项，$WZ_{i,t}$代表解释变量的空间滞后项，a_i、γ_t、$\mu_{i,t}$则分别代表个体效应、时间效应和误差项。本研究重点关注的回归系数是反映空间效应的α、λ，代表京津冀某城市生产性服务业某行业的发展受区域内其他城市该行业发展的影响程度。

首先对以上空间面板模型进行豪斯曼检验，以确定模型到底采用固定效应还是个体效应。经过检验后各模型均应采用固定效应模型，检验结果验证了B.巴尔塔基[1]提出的当样本随机取自总体时，选择随机效应模型较为恰当，而当样本回归分析局限于一些特定的个体时（本研究中是京津冀地区13市），固定效应模型应该是更好的选择。空间面板固定效应模型中控制了两类非观测效应——空间固定效应和时间固定效应。前者反映随区位变化、但不随时间变化的背景变量（比如自然禀赋等）对稳态水平的影响；后者代表随时间变化、但不随区位变化的背景变量（比如暂时性冲击等）对稳态水平的影响。

接下来对各产业的三种空间面板模型（SAR、SDM和SEM）中的最优模型进行判断与选择。综合拟合优度检验、自然对数函数值、赤池信息准则，本研究对各个产业部门在邻接空间、地理距离、经济特征三种权重矩阵下的最优模型进行了判断选择（见表4-9）。

---

[1] BALTAGI B H. A companion to econometric analysis of panel data [M]. New York: John Wiley & Sons Press, 2009.

表 4-9 各空间面板模型的对比判断与最优模型选择

行业	权重矩阵	模型	R²	LL	AIC	最优	行业	权重矩阵	模型	R²	LL	AIC	最优
交通运输业	邻接空间	SAR	0.96	228.8	-437.5	SEM	房地产服务业	邻接空间	SAR	0.87	133.7	-247.4	SAR
		SDM	0.34	235.6	-437.2				SDM	0.86	136.4	-238.9	
		SEM	0.82	244.5	-471.1				SEM	0.28	133.0	-248.0	
	地理距离	SAR	0.94	229.0	-438.1	SEM		地理距离	SAR	0.14	134.8	-249.6	SDM
		SDM	0.00	240.6	-447.3				SDM	0.23	143.2	-252.4	
		SEM	0.82	244.6	-471.2				SEM	0.25	132.6	-247.1	
	经济距离	SAR	0.97	228.4	-436.8	SEM		经济距离	SAR	0.89	130.2	-240.5	SAR
		SDM	0.12	238.1	-442.2				SDM	0.20	138.5	-243.0	
		SEM	0.82	244.3	-470.6				SEM	0.27	126.7	-235.4	
信息服务业	邻接空间	SAR	0.79	158.4	-296.8	SEM	商务服务业	邻接空间	SAR	0.98	132.8	-245.7	SAR
		SDM	0.81	162.3	-290.6				SDM	0.90	139.6	-245.2	
		SEM	0.60	176.7	-335.3				SEM	0.62	121.6	-225.1	
	地理距离	SAR	0.18	158.6	-297.1	SEM		地理距离	SAR	0.98	132.7	-245.5	SAR
		SDM	0.06	162.0	-290.0				SDM	0.51	142.2	-250.3	
		SEM	0.64	172.2	-326.4				SEM	0.69	123.7	-229.3	
	经济距离	SAR	0.83	157.1	-294.1	SEM		经济距离	SAR	0.97	132.9	-245.7	SAR
		SDM	0.05	162.0	-290.1				SDM	0.66	138.3	-242.6	
		SEM	0.64	172.0	-326.0				SEM	0.65	122.6	-227.1	

续表

行业	权重矩阵	模型	R²	LL	AIC	最优	行业	权重矩阵	模型	R²	LL	AIC	最优
金融服务业	邻接空间	SAR	0.95	233.0	-446.0		科技服务业	邻接空间	SAR	0.99	200.1	-380.1	
		SDM	0.72	242.9	-451.8	SAR			SDM	0.95	209.4	-384.9	SDM
		SEM	0.25	222.3	-426.5				SEM	0.45	178.1	-338.2	
	地理距离	SAR	0.94	233.0	-446.0			地理距离	SAR	0.98	201.4	-382.8	
		SDM	0.02	247.4	-460.8	SAR			SDM	0.86	205.0	-376.0	SAR
		SEM	0.34	221.8	-425.6				SEM	0.35	179.3	-340.5	
	经济距离	SAR	0.94	234.3	-448.7			经济距离	SAR	0.98	199.9	-379.8	
		SDM	0.90	244.5	-455.0	SDM			SDM	0.86	204.8	-375.7	SAR
		SEM	0.30	223.2	-428.5				SEM	0.35	176.9	-335.8	

注：括号内为 t 统计值，***、**、* 分别表示 1%、5% 和 10% 的显著水平。

资料来源：作者基于 stata 软件估计。

四、空间面板计量模型结果分析

在上述最优模型选择的基础上，本研究重点对生产性服务业各行业最优模型回归结果中的空间效应进行分析[①]。

(一) 空间溢出效应的实证结果

由表 4-10 的实证结果可以发现，按照空间体现方式的不同，六个生产性服务业行业在京津冀地区城市之间的空间溢出效应可以分为两类：交通运输业和信息服务业两个行业的空间体现方式适合于用空间误差模型解释，即这两个行业在城市间的外溢效应是随机冲击的作用结果，而金融服务业、房地产服务业、商务服务业和科技服务业等四个行业的空间体现方式适合于用空间滞后模型解释，即这些行业在某城市的发展会通过空间传导机制作用于其他城市。

表 4-10 生产性服务业各行业空间溢出效应的实证结果

行业	交通运输业			信息服务业		
权重	邻接空间	地理空间	经济空间	邻接空间	地理空间	经济空间
模型	SEM	SEM	SEM	SEM	SEM	SEM
α						
λ	−0.0987 (−0.64)	−0.0325 (−0.73)	0.00132 (0.02)	0.375*** (3.35)	−0.0235 (−0.62)	−0.0162 (−2.50)
N	130	130	130	130	130	130
R^2	0.820	0.823	0.817	0.602	0.644	0.639

---

① 为了使分析聚焦于本书关注的核心变量——生产性服务业各行业的空间溢出效应，表 4-10 中没有列出其他控制变量的回归结果。从控制变量的回归结果可以得到以下发现：京津冀地区各城市交通运输业、金融服务业和科技服务业的发展与本地制造业的互动发展程度较高；信息服务业、金融服务业和交通运输业倾向于在工资水平较高（一定程度上代表劳动力素质高）的城市发展；信息服务业、金融服务业、商务服务业、科技研发业等高附加值行业趋向于在教育水平高的城市发展，其中信息服务业对教育资源的需求表现得最为显著。

行业	房地产服务业			商务服务业		
权重	邻接空间	地理空间	经济空间	邻接空间	地理空间	经济空间
模型	SAR	SDM	SAR	SAR	SAR	SAR
α	0.545***	0.0965***	0.220***	−0.0708	0.05	0.0189
	(5.52)	(3.63)	(3.35)	(−0.70)	(0.78)	(0.56)
N	117	117	117	117	117	117
R^2	0.865	0.228	0.894	0.976	0.972	0.978
行业	金融服务业			科技服务业		
权重	邻接空间	地理空间	经济空间	邻接空间	地理空间	经济空间
模型	SAR	SAR	SDM	SDM	SAR	SAR
α	−0.0298	0.00606	0.0603	0.412***	0.0591***	0.141***
	(−0.21)	(0.23)	(0.77)	(4.79)	(2.71)	(2.43)
λ						
N	117	117	117	117	117	117
R^2	0.950	0.938	0.904	0.953	0.977	0.984

注：括号内为 t 统计值，***、**、*分别表示1%、5%和10%的显著水平。

资料来源：作者基于 stata 软件估计。

从反映空间效应的回归系数符号和显著性，并结合前文对生产性服务业各行业分工系数的测算结果可以得出：（1）房地产服务业和科技服务业在空间上的正向外溢效应显著，通过对比分析基于邻接空间权重矩阵、地理距离空间权重矩阵和经济特征空间权重矩阵的空间相关系数还可以发现，这两个行业在京津冀地区内部的溢出效应更多地表现为空间相邻的城市之间，产业活动的溢出在一定程度上受到距离的限制，随着距离的增加，溢出效应逐渐衰退。（2）信息服务业在京津冀地区空间分工的外溢效应仅在邻近空间权重矩阵下呈现出显著的正向，而考虑了地理距离和经济联系的权重矩阵的空间回归系数均不显著。由此说明信息服务业在京津冀地区城市间的溢出范围非常有限，仅体现在相邻城市之间。（3）交通运输业、金融服务业和商务服务业的空间外溢效应则不显著，城市之间产业发展的相关性较弱。

(二) 空间溢出范围的实证结果

上文空间溢出效应的实证结果显示房地产服务业和科技服务业在空间上的正向外溢效应显著，但更多地表现为空间相邻的城市之间。为进一步揭示京津冀地区房地产服务业、科技服务业两个存在空间溢出效应的生产性服务行业的溢出效应随空间范围的变化情况，本研究对空间面板杜宾模型（SDM）中的空间权重矩阵设定从50km到450km之间的距离阈值[①]，分别进行回归得出三个行业在各距离阈值下的空间溢出系数（见表4-11）。

表4-11 房地产服务业和科技服务业空间溢出系数随空间距离的变化情况

阈值 (km)	房地产服务业 溢出系数	t	科技服务业 溢出系数	t
50	0.699***	(5.45)	1.044***	(6.85)
100	0.550***	(4.03)	0.589**	(2.17)
150	0.562***	(5.57)	0.591***	(5.17)
200	0.365***	(3.53)	0.257**	(2.54)
250	0.363***	(3.37)	0.268**	(2.54)
300	0.387***	(3.57)	0.272**	(2.53)
350	0.402***	(3.70)	0.279***	(2.58)
400	0.404***	(3.69)	0.277**	(2.55)
450	0.408***	(3.74)	0.275**	(2.52)

注：括号内为t统计值，***、**、*分别表示1%、5%和10%的显著水平。
资料来源：作者基于stata软件估计。

从表4-11显示的结果可以看出，房地产服务业和科技服务业的空间溢出系数在0~150km范围内最大，当地理距离超过150km后溢出效应出现了明显的下降。通过观察京津冀各城市中心点间的距离后发现，0~150km范围内均是空间相邻城市，由此更印证了房地产服务业和科技服务业在京津冀地区的空间溢出

[①] 京津冀地区城市中心点之间距离的最大值在450km以内，故本书设定的距离阈值最大值为450km。

效应在相邻城市之间表现最强,且非常显著。

(三) 空间溢出的实证结果分析

京津冀生产性服务业各行业空间溢出效应的实证结果可以总结为:(1) 房地产服务业和科技服务业在空间上呈现出显著的正向外溢效应,而交通运输业、金融服务业和商务服务业的空间外溢效应则不显著,信息服务业的空间溢出效应也非常弱。(2) 生产性服务业的空间溢出效应更多地表现为相邻城市之间,随着范围扩大,溢出效应逐渐衰退。本节将从生产性服务业各行业在京津冀地区的地方化分布特征和生产性服务业空间溢出机理出发,对以上两个实证结果进行解释和分析。

生产性服务业各行业在城市之间的空间溢出效应与该行业在各城市生产性服务业中的结构差异密切相关。当行业在各城市生产性服务业中的结构差异度较大,即地方化程度较强时,相应地导致行业在各城市的发展程度和受地方政府重视的程度也存在较大差异,由此给行业在各城市间的产业溢出带来障碍;而当行业在各城市生产性服务业中的结构差异度较小,即地方化程度较弱时,行业在各城市间的产业溢出较易实现。本研究通过对生产性服务业各行业在京津冀地区的地方化指数测算得出,金融服务业、商务服务业、信息服务业和交通运输业在京津冀地区的地方化系数相对较高;而科技服务业和房地产服务业的地方化程度则相对较低。与空间溢出效应的实证结果对应分析,即佐证了生产性服务业各行业在京津冀的地方化程度越低,城市之间的空间溢出越易实现,空间分工结构相对合理;反之则不利于形成互利共赢的分工体系。

另外,不同于工业提供的产品是有形的且可以存储并进行远距离运输,大部分生产性服务企业提供的服务产品是无形的,不具有可存储性,由此大部分服务产品的交易具有"面对面"接触的需求。当生产性服务业之间的空间距离拉大时,便会产生交易成本。借鉴新经济地理学中的垂直关联模型可知,在成本关联和需求关联两种效应的作用下,受交易成本因素和"面对面"接触需求的影响,生产性服务业之间的空间溢出范围也会受到限制。空间溢出效应在不同空间距离下呈现差异分布,随地理距离的增加呈现衰减趋势,且辐射范围有限。由此解释了京津冀地区房地产服务业和科技服务业两个行业的空间溢出效应随着由邻近城市到更大范围时,溢出效应逐渐衰退,信息服务业的空间溢出范围则仅体现在相邻城市之间。

第四节 京津冀服务业空间优化对策

目前京津冀地区各类型服务业在北京的集聚程度均较高，尤其是生产性服务业；天津产业结构服务化转型速度较快，但服务业增加值占区域份额下降；河北各地区服务业发展相对比较落后，生产性服务业难以满足本地制造业对中间服务投入的需要，生活性服务业和公共服务业的发展规模与本地人口规模的匹配度较低。为了改善京津冀服务业空间布局现状，构建功能互补、联动发展的服务业发展格局，需根据不同类型服务业的功能属性，结合区域内各地发展基础和功能定位，进行差异化的服务业发展引导。

一、生产性服务业空间优化对策

京津冀地区内不同城市应结合其所处发展阶段和在区域中的功能定位，采取差异化的生产性服务发展政策，构建大、中、小城市职能分工合理、优势互补的生产性服务分工格局。

北京、天津两个核心城市和石家庄、唐山、沧州、邯郸、保定等区域性中心城市的生产性服务业应采取多样化发展模式，并承担着向周边城市辐射服务的核心能级功能。大城市容易实现集聚的多样化，而中小城市则适合专业化的发展途径。对于生产性服务业各行业而言，行业之间可以较为容易地实现跨行业的知识外溢，多个生产性服务业行业可以在一个城市内部共同集聚，而且生产性服务业各行业在城市内部集聚，相互之间的关系更多的是互补关系，适合在中心城市内部集聚。另外，中心城市的经济发展水平比较高，居民的消费水平也相对较高，消费结构也已经从简单的物质追求转变到对物质享受和精神享受的双重追求，多个生产性服务业行业在中心城市的集聚正好能满足中心城市居民多样化的需求，由此在京津冀生产性服务业空间分工结构中，北京、天津两个核心城市和石家庄、唐山、沧州、邯郸、保定等区域性中心城市应通过多个生产性服务业行业的共同集聚承担服务功能，同时由于某些高级生产性服务业对劳动力、资本等投入要素的需求较高，仅能在中心城市布局，而周边的中小城市也有对这些高级生产性服务的中间需求，因此中心城市还承担着为周边城市提供生产性服务外延的功能。通过改善法律、信用、税收等制度环境，降低交易成本，扩大对河北省其他城市的溢出效应。同时，北京、天津两个核心城市的生产性服务功能在多样化发展过程中相互之间也要寻求差异化发展，避免重复恶性竞争。

京津冀各中小城市的生产性服务业发展不要盲目追求"大而全"的发展模式，而应结合城市要素禀赋、比较优势和主导工业的核心需求，重点发展特色鲜明的专业化生产性服务，带动本地工业转型升级。城市的发展演进都以一定的产业背景作为基础，"退二进三"的产业调整政策虽然有其合理性，但并不适用于每个城市，尤其是对城市规模相对较小、要素集聚程度相对较低的中小城市。目前，京津冀服务业占GDP的比重虽已超越第二产业，但许多中小城市的产业结构中第二产业仍占据绝对主导地位。因此，京津冀各中小城市在制定生产性服务业的产业发展规划时，应遵循不同城市规模和不同发展阶段生产性服务业发展存在差异性的客观规律，在充分把握本地区产业发展比较优势的基础上，有选择、有重点地发展现代物流、咨询服务、工艺设计等生产性服务功能，强化生产性服务业与本地优势制造业的协同融合发展。

二、生活性服务业空间优化对策

区域内合理的生活性服务业空间分布应与人口的空间分布相匹配，达到生活性服务业均衡发展的协调格局。目前北京和天津的生活性服务业发展相对较好，而河北的生活性服务业发展则相对落后，尤其是在中小城市和农村的发展严重不足，基本生活服务比较匮乏，因此京津冀生活性服务业优化调整应以缩小区域内部差距为重点，构建功能完善、分布均衡的生活性服务体系。

北京应结合非首都功能疏解，加快区域性批发市场等生活服务业向河北的转移，严控低端生活性服务业态发展，全面提高生活性服务品质，建设国际一流和谐宜居之都。天津应继续提高生活性服务质量和丰富生活性服务类型，优化服务供给，开发新型服务，形成与现代化大都市相适应的生活性服务体系。

河北应借助京津冀协同发展和北京非首都功能疏解带来的机遇，大力提升生活性服务业发展水平，缩小与北京、天津的发展差距。积极承接北京的专业市场转移，依托京津冀交通一体化建设一批物流枢纽，发展电子商务等新兴商业业态，加快中小城市商贸体系建设；结合各地的旅游业发展，建设一批高档特色酒店和餐饮中心，提高住宿餐饮业发展水平；完善各类文体设施建设，提高居民服务业发展水平，满足人们日益增长的生活服务需求；推进城镇生活性服务业网络向农村延伸，创新发展切合农村实际需求的养老服务，尽快改变农村生活性服务业落后面貌。

三、公共服务业空间优化对策

公共服务业空间布局的不均衡会严重影响到区域人口与产业的合理布局，也会对改变区域中心城市人口与产业过度集聚、中小城市发展不足的局面造成严重阻碍。因此，促进京津冀基本公共服务均等化是有序疏解北京非首都功能的重要前提，同时也是推进京津冀协同发展的关键手段。北京和天津要在继续优化城市内部公共服务业发展格局的同时，加快优质医疗、教育资源向河北地区的疏解，发挥对河北公共服务业发展的辐射带动作用。河北要积极改变公共服务低水平覆盖的现状，大力提高公共服务业的质量和水平。加强石家庄作为省会城市的公共服务辐射带动作用，建设保定、唐山等一批重要的区域公共服务节点城市，完善中小城市和农村地区的基本公共服务。

加强京津冀地区医疗、教育等优质公共服务资源的共建共享，统筹安排公共服务资源，鼓励北京的三甲医院、高等院校、养老机构等与河北建立合作，设立分支机构，加快相关的专业人才输送与交流，提高河北公共服务的软硬件水平。进一步放宽市场准入标准，鼓励和引导社会资本进入市政基建、医疗、教育等公共服务领域，提高公共服务业的市场化程度。

第五节　本章小结

服务业在京津冀地区的合理空间布局对于推进京津冀地区产业协同与空间一体化发展具有重要意义。鉴于服务业内部各行业功能属性的差别，本研究分别揭示了生产性服务业、生活性服务业和公共服务业等不同类型服务业在京津冀的空间分布特征与问题。研究得出：京津冀地区各类型服务业在北京的集聚程度均较高，尤其是生产性服务业；天津产业结构服务化转型较快，但服务业增加值占区域份额下降；河北各地区服务业发展相对比较落后，生产性服务业难以满足本地制造业对中间服务投入的需要，生活性服务业和公共服务业的发展规模与本地人口规模的匹配度较低。最后根据不同类型服务业的功能属性，并结合各地在区域内的功能定位，提出了差异化的服务业优化对策。

本章聚焦于生产性服务业，测算了京津冀生产性服务业分工的空间特征与行业特征，并基于空间面板计量模型，实证检验了生产性服务业各行业在京津冀地区城市之间的空间外溢效应，以此判断各行业分工结构的合理性。本研究的主要结论：①北京和天津两个大都市在京津冀生产性服务业分工体系中都呈现出多样化的特征，且多样化程度处于上升趋势，生产性服务功能不断完备，而河北省11个城市则呈现出专业化特征，大多专注于金融服务业和交通运输业的发展。②北京与天津之间的生产性服务业分工程度相对较低，并且从动态上两个城市的生产性服务业结构逐渐趋同。③京津冀地区各城市间地方化程度较低的房地产服务业和科技服务业在空间上的正向外溢效应显著，且150千米范围内的空间溢出效应最强，当距离超过150千米后溢出效应明显下降；信息服务业在京津冀地区城市间的溢出范围非常有限，仅体现在相邻城市之间；京津冀地区各城市间地方化程度相对较高的交通运输业、金融服务业和商务服务业的空间外溢效应则不显著，该三类服务功能的空间分工结构有待优化，城市间的相互关联亟须加强。

基于上述结论，本章的政策启示：①在京津冀协同发展加速推进的背景下，构建联动发展的生产性服务业分工格局对于促进京津冀地区协调发展具有非常重要的意义。强化京津冀地区城市间生产性服务分工合作，尤其要侧重加强区域交通运输一体化，构建城市间金融网络服务，增强京津对周边城市的商务服务功能，以改善京津冀当前空间联动发展较弱的交通运输业、金融服务业和商务服务业，构建联动发展、优势互补的生产性服务业分工格局，促进京津冀区域产业协调发展。②某些高级生产性服务业对劳动力、资本等投入要素的需求较高，仅能在大型城市集聚，而周边的中小城市也有对这些高级生产性服务的中间需求，因此北京、天津两个核心城市在满足本地高技术产业对生产性服务中间投入多样化和高端化需求的同时，还承担着为周边城市提供服务外延的功能，通过改善法律、信用、税收等制度环境，降低交易成本，扩大对河北省各城市的溢出效应。另外，北京、天津两个核心城市的生产性服务功能在多样化发展过程中相互之间也要寻求差异化发展，避免重复和恶性竞争。河北各城市在制定生产性服务业的产业发展规划时不要盲目追求"大而全"的发展模式，而应结合城市要素禀赋、比较优势和主导工业的核心需求，重点发展特色鲜明的专业化生产性服务。

本章利用空间面板计量模型对京津冀地区生产性服务业各行业的空间溢出效应进行了实证检验，并尝试从生产性服务业在城市之间的分工特征解释了生产性服务业的空间溢出效应，以及从受交易成本和对"面对面"接触需求的影响解释了溢出效应存在一定的范围。但生产性服务业各行业的产业特性差异明显，导致各行业的空间溢出机制也存在各自的特性。本章对生产性服务业各行业在城市之间产生空间溢出效应的内在原因还缺乏深入的分析，有待在未来研究中进一步深化。

第五章

京津冀生产性服务业与制造业协同集聚特征与影响因素

生产性服务业与制造业的协同发展对于京津冀地区完善产业空间分工体系、促进区域经济协同发展具有重要意义。本章从产业和空间两个角度分析了生产性服务业与制造业的协同发展机理，并在此基础上，探究京津冀地区生产性服务业与制造业的协同发展特征与影响因素。

第一节 问题的提出

随着生产性服务业在经济发展中的地位不断上升，其与制造业的关系在后工业社会中成为国内外众多学者关注的焦点。在研究生产性服务业与制造业之间关系的文献中，对两个部门之间产业互动关系的研究相对较多，这些研究在理论分析和实证研究上都已比较成熟，获得了较多理论和数据的支撑。然而目前关于生产性服务业与制造业融合互动在空间层面，特别是对两者之间空间关系的实证研究还比较薄弱。生产性服务业和现代制造业是城市经济发展的主要推动力量，两者在产业分工和空间分布上有着紧密的相互联系，两者的融合、协调发展将极大地促进城市经济的发展。随着京津冀区域一体化进程的不断推进，京津冀地区的生产性服务业与制造业的产业空间分工体系已初步形成，北京、天津的生产性服务功能较为显著，2019年生产性服务业就业人数占京津冀地区的比重为68.0%，而河北的制造业生产功能比较突出，2019年制造业就业人数占京津冀地区的比重为41.7%。但是，目前京津冀地区内部还没有形成紧密的产业空间协同发展关系，还存在生产性服务业过度集聚在北京，天津各类生产性服务业比较优势不突出，河北制造业发展优势下降等一系列突出问题，由此给北京的人口资源环境带来较大的压力，同时阻碍了天津生产性服务条件的改善和河北制造业水平的提升，整体上制约了京津冀地区生产性服务业与制造业的协同发展。

与现有相关研究不同的是，本书将产业的经济属性和地理属性综合起来分析生产性服务业与制造业的协同发展机理，并在此基础上，从城市和区县两个空间尺度来探究京津冀地区生产性服务业与制造业的协同发展特征，并通过计量模型实证估计生产性服务业与制造业协同集聚的影响因素，进而提出京津冀地区生产性服务业与制造业协同发展的方向与建议。

第二节 生产性服务业与制造业协同发展特征

在生产性服务业与制造业协同发展机理的基础上，本研究分别以城市和区县为空间单元来分析京津冀地区的生产性服务业与制造业的协同发展特征。

一、基于城市层面的生产性服务业与制造业协同发展特征

从各地制造业和生产性服务业就业人数份额来看，由表5-1可知，2013年到2019年，随着非首都功能疏解工作的深入推进，北京制造业就业人数从2013年的103.5万下降到2019年的65.4万，但津冀地区的制造业就业人数也在减少，导致北京制造业就业人数占京津冀的份额不降反升，提高了0.9个百分点。北京各类生产性服务业就业人数占京津冀的份额相对较大，都超过50%，其中信息传输、计算机服务和软件业的份额高达83.7%，且从趋势上仍在进一步集聚。天津制造业份额较大但有所下降，减低了3.2个百分点，而各类生产性服务业份额都小于20%，与北京相比差距较大，但与河北各地级市相比，生产性服务业份额相对较大。在河北11个地级市中，各地制造业份额都比生产性服务业大，且除石家庄以外，各城市生产性服务业就业人数占京津冀的份额都未超过5%。

第五章 京津冀生产性服务业与制造业协同集聚特征与影响因素

表5-1 2013年、2019年京津冀各城市制造和生产性服务业就业人数占比

(%)

地区	制造业 2013年	制造业 2019年	交通运输、仓储及邮政业 2013年	交通运输、仓储及邮政业 2019年	信息传输、计算机服务和软件业 2013年	信息传输、计算机服务和软件业 2019年	金融业 2013年	金融业 2019年	房地产业 2013年	房地产业 2019年	租赁和商业服务业 2013年	租赁和商业服务业 2019年	科学研究、技术服务和地质勘查业 2013年	科学研究、技术服务和地质勘查业 2019年
北京	27.8	28.7	58.7	63.0	82.7	83.7	53.9	53.1	69.0	69.1	79.4	70.1	70.8	71.5
天津	32.8	29.6	14.2	16.0	5.1	6.4	11.1	16.3	15.6	15.7	6.9	14.6	12.8	11.5
石家庄	6.0	8.1	6.5	5.9	2.8	4.5	6.1	6.7	2.2	5.0	3.2	5.5	3.8	3.6
唐山	7.0	7.7	4.3	3.2	1.1	0.7	4.4	4.2	2.3	1.4	2.5	1.7	1.0	0.8
秦皇岛	2.2	2.7	3.4	1.6	0.8	0.5	2.3	1.9	0.9	0.6	0.6	0.4	0.7	0.6
邯郸	4.5	4.1	2.9	2.3	0.9	0.5	3.9	2.1	1.3	0.8	0.7	1.4	1.3	0.9
邢台	2.7	2.6	1.2	1.0	0.6	0.3	2.3	2.0	1.1	0.7	0.3	0.5	0.6	0.5
保定	6.2	5.9	2.4	1.8	1.2	1.0	4.5	4.9	1.9	1.3	0.9	2.2	5.3	6.3
张家口	1.7	1.8	1.3	1.4	0.8	0.6	2.0	2.1	2.0	1.5	0.7	0.9	0.8	0.7
承德	1.4	1.5	1.3	0.9	0.9	0.6	2.2	1.3	0.6	0.7	0.6	0.6	0.7	0.7
沧州	2.4	2.7	1.7	1.6	0.7	0.4	3.4	3.5	0.9	0.5	3.0	1.3	0.6	1.7
廊坊	3.8	3.5	0.7	1.0	1.8	0.5	1.8	1.2	1.6	2.3	1.1	0.6	1.5	1.0
衡水	1.5	1.2	1.3	0.4	0.6	0.3	2.1	0.8	0.6	0.2	0.3	0.3	0.3	0.3

资料来源:《中国城市统计年鉴2014》和《中国城市统计年鉴2020》。

表 5-2 2013 年、2019 年京津冀各城市制造业和生产性服务业区位商比较

地区	制造业 2013年	制造业 2019年	交通运输、仓储及邮政业 2013年	交通运输、仓储及邮政业 2019年	信息传输、计算机服务和软件业 2013年	信息传输、计算机服务和软件业 2019年	金融业 2013年	金融业 2019年	房地产业 2013年	房地产业 2019年	租赁和商业服务业 2013年	租赁和商业服务业 2019年	科学研究、技术服务和地质勘查业 2013年	科学研究、技术服务和地质勘查业 2019年
北京	0.63	0.59	1.34	1.30	1.88	1.72	1.23	1.09	1.57	1.42	1.81	1.44	1.61	1.47
天津	1.83	1.79	0.79	0.96	0.28	0.39	0.62	0.99	0.87	0.95	0.39	0.88	0.71	0.70
石家庄	1.10	1.23	1.18	0.90	0.51	0.69	1.10	1.02	0.41	0.76	0.57	0.83	0.69	0.55
唐山	1.22	1.62	0.74	0.66	0.19	0.14	0.77	0.87	0.40	0.30	0.43	0.36	0.17	0.17
秦皇岛	1.09	1.57	1.68	0.97	0.39	0.27	1.13	1.10	0.45	0.36	0.30	0.24	0.34	0.36
邯郸	0.95	1.07	0.61	0.61	0.19	0.13	0.82	0.55	0.28	0.22	0.14	0.37	0.26	0.23
邢台	0.99	1.07	0.45	0.40	0.23	0.13	0.84	0.80	0.39	0.28	0.13	0.20	0.21	0.19
保定	1.04	1.19	0.41	0.36	0.20	0.19	0.76	0.98	0.32	0.27	0.15	0.44	0.89	1.25
张家口	0.75	0.84	0.56	0.64	0.34	0.29	0.86	0.96	0.88	0.70	0.29	0.40	0.36	0.32
承德	0.79	0.88	0.72	0.57	0.51	0.38	1.23	0.77	0.33	0.40	0.31	0.34	0.39	0.42
沧州	0.78	0.91	0.56	0.55	0.22	0.13	1.11	1.20	0.30	0.19	0.97	0.43	0.19	0.57
廊坊	1.45	1.46	0.28	0.40	0.68	0.19	0.70	0.50	0.63	0.96	0.42	0.25	0.56	0.42
衡水	0.84	0.82	0.76	0.29	0.36	0.22	1.20	0.55	0.32	0.16	0.15	0.21	0.20	0.19

资料来源:《中国城市统计年鉴 2014》和《中国城市统计年鉴 2020》。

此外，本书利用区位商，即 i 城市 j 行业的就业人数占该城市总就业人数的比重与京津冀地区 j 行业就业人数占该地区总就业人数的比重之比来衡量京津冀 13 市的比较优势行业（见表5-2），并选择区位商大于 1.2 的行业作为显著优势行业。根据这一标准，2019 年北京除制造业和金融业以外，其余 5 个行业都为比较优势行业，但从区位商的变动来看，2013—2019 年北京生产性服务业在京津冀的比较优势有所下降。2013 年和 2019 年天津的优势行业都是制造业，但各类生产性服务业比较优势并不突出，不过从趋势上看区位商有所增加。在河北 11 个地级市中，唐山和廊坊的制造业在 2013—2019 年期间都具有显著的比较优势，秦皇岛和石家庄的制造业区位商在 2013—2019 年期间上升明显。河北省各地级市的生产性服务业区位商都较低，2019 年仅有保定在科学研究、技术服务和地质勘查业的比较优势相对突出。

二、基于区县层面的京津冀生产性服务业与制造业协同发展特征

为了全面深入地分析京津冀地区生产性服务业与制造业的空间分布状况，本节在城市层面的基础上，进一步以区县为基本行政单元来进行考察。然而，由于河北省年鉴中没有按区县进行分类的制造业与生产性服务业的统计数据，本研究利用全国第二次经济普查结果对京津冀地区 208 个区县的产业进行统计分析。受数据限制，研究的时间节点稍显滞后，但通过对微观数据的深入挖掘，可以得出京津冀制造业与生产性服务业空间分布的规律，对于指导未来的空间布局调整具有一定的参考价值。

（一）生产性服务业与制造业产业关联特征

本书利用投入产出分析来衡量两个产业之间的前向和后向关联。利用直接投入系数 a_{ij}，即产业 i 对产业 j 的中间投入占产业 j 总投入的比率，衡量产业 i 对产业 j 的后向关联；利用直接分配系数 b_{ij}，即产业 i 对产业 j 的中间需求占产业 i 总需求的比率，衡量产业 i 对产业 j 的前向关联。用直接投入系数 a_{ij}、a_{ji} 和直接分配系数 b_{ij}、b_{ji} 的算术平均值来测度产业 i 和产业 j 之间的投入产出联系。基于北京市、天津市以及河北省的 42 部门投入产出表，用生产性服务业与制造业之间的直接投入系数和直接分配系数的算术平均值测度了两个产业之间的产业关联度，得出 8 个生产性服务业部门与 17 个制造业部门的产业关联矩阵（见表5-3）。

表 5-3　生产性服务业各部门与制造业各部门产业关联度矩阵

	交通运输及仓储业	邮政业	信息传输、计算机服务和软件业	金融业	房地产业	租赁和商务服务业	研究与试验发展业	综合技术服务业
食品制造及烟草加工业	0.045	0.001	0.002	0.010	0.002	0.031	0.008	0.003
纺织业	0.030	0.002	0.002	0.012	0.001	0.008	0.003	0.002
服装皮革羽绒及其他纤维制品制造业	0.031	0.004	0.004	0.009	0.002	0.004	0.001	0.005
木材加工及家具制造业	0.024	0.004	0.002	0.008	0.003	0.008	0.002	0.002
造纸印刷及文教用品制造业	0.052	0.013	0.009	0.035	0.010	0.030	0.020	0.022
石油加工及炼焦业	0.403	0.023	0.003	0.026	0.004	0.028	0.008	0.027
化学工业	0.078	0.006	0.008	0.016	0.004	0.034	0.103	0.013
非金属矿物制品业	0.071	0.001	0.002	0.011	0.001	0.008	0.018	0.005
金属冶炼及压延加工业	0.112	0.001	0.001	0.020	0.001	0.004	0.007	0.001
金属制品业	0.068	0.002	0.003	0.008	0.004	0.022	0.042	0.042

续表

	交通运输及仓储业	邮政业	信息传输、计算机服务和软件业	金融业	房地产业	租赁和商务服务业	研究与试验发展业	综合技术服务业
通用、专用设备制造业	0.046	0.005	0.005	0.010	0.002	0.013	0.052	0.103
交通运输设备制造业	0.131	0.009	0.005	0.011	0.002	0.013	0.010	0.013
电气、机械及器材制造业	0.047	0.007	0.015	0.011	0.004	0.044	0.009	0.040
通信设备、计算机及其他电子设备制造业	0.086	0.004	0.207	0.012	0.004	0.066	0.037	0.055
仪器仪表及文化办公机械制造业	0.046	0.001	0.045	0.010	0.004	0.036	0.044	0.111
其他制造业	0.026	0.000	0.007	0.005	0.004	0.015	0.002	0.004
废品及废料	0.006	0.000	0.000	0.000	0.000	0.001	0.000	0.000

资料来源：作者测算得出。

从生产性服务业各部门来看，交通运输及仓储业与制造业之间的产业关联最强，远高于其他生产性服务业部门，其次是综合技术服务业、研究与试验发展业（见图5-1）。

部门	关联度
交通运输及仓储业	0.077
综合技术服务业	0.026
研究与试验发展业	0.021
租赁和商务服务业	0.021
信息传输、计算机服务和软件业	0.019
金融业	0.013
邮政业	0.005
房地产业	0.003

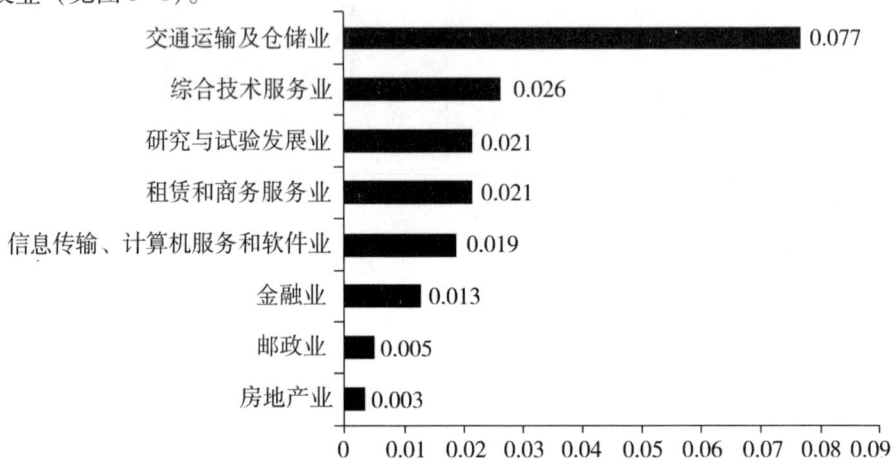

图5-1 京津冀生产性服务业各部门与制造业的产业关联度

资料来源：作者测算得出。

部门	关联度
石油加工及炼焦业	0.065
通信设备、计算机及其他电子设备制造业	0.059
仪器仪表及文化办公机械制造业	0.037
化学工业	0.033
通用、专业设备制造业	0.029
交通运输设备制造业	0.024
金属制品业	0.024
造纸印刷及文教用品制造业	0.024
电气、机械及器材制造业	0.022
金属冶炼及压延加工业	0.018
非金属矿物制品业	0.015
食品制造及烟草加工业	0.013
其他制造业	0.008
服装皮革羽绒及其他纤维制品制造业	0.008
纺织业	0.007
木材加工及家具制造业	0.007
废品及废料	0.001

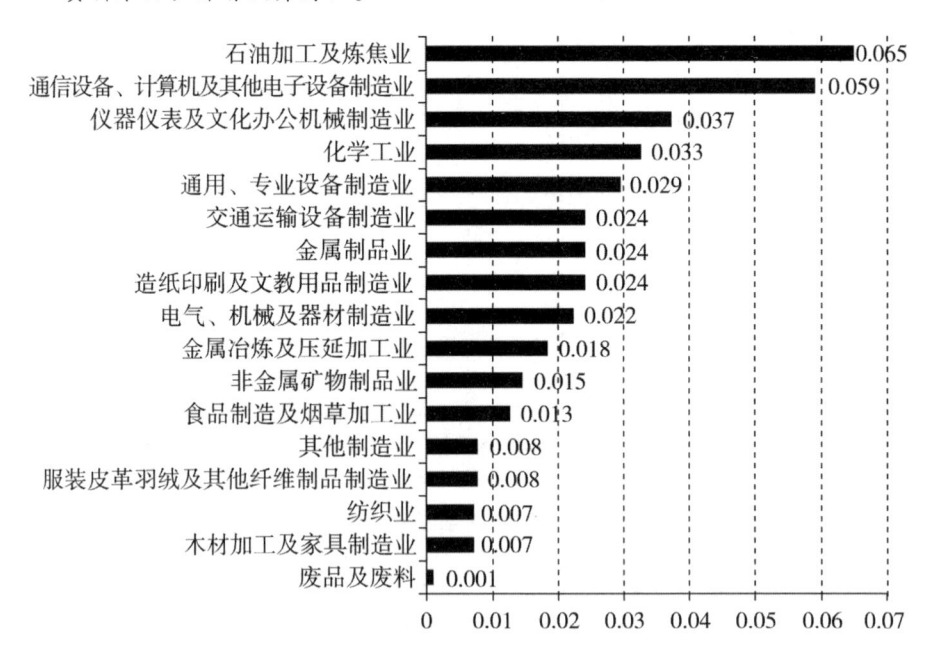

图5-2 京津冀制造业各部门与生产性服务业的产业关联度

资料来源：作者测算得出。

从制造业各部门来看，石油加工及炼焦业、电子设备制造业与生产性服务业部门之间的产业关联度远高于其他制造业部门，其次是仪器仪表及文化办公机械制造业和化学工业（见图5-2）。按制造业部门要素密集程度来看，京津冀地区资本密集型制造业与生产性服务业的产业关联最为紧密，其次是技术密集型制造业，劳动密集型制造业与生产性服务业的产业关联度远低于资本密集型和技术密集型制造业。

（二）生产性服务业与制造业空间协同集聚特征

本研究基于第二次经济普查数据，运用第二章提到的产业间协同集聚度对京津冀地区208个区县的7个生产性服务业部门[①]和17个制造业部门之间的空间协同集聚度进行测算，得到一个7×17的矩阵（见表5-4）。计算结果发现京津冀地区570对生产性服务业与制造业的产业组平均协同集聚度分别为0.0115[②]，从整体上来看京津冀地区生产性服务业与制造业之间的空间集聚程度比较低。

[①] 由于经济普查数据库中的银行、保险、证券等金融行业的企业数据缺失严重，为避免结果偏误，在分析中未考虑金融业。
[②] 依据协同集聚度，将产业间的产业间集聚关系分为高度空间集聚（r>0.05），中度空间集聚（0.02<r<0.05）以及低度空间集聚（r<0.02）。

表 5-4　生产性服务业各部门与制造业各部门空间协同集聚度矩阵

	交通运输及仓储业	邮政业	信息传输、计算机服务和软件业	房地产业	租赁和商务服务业	研究与试验发展业	综合技术服务业
食品制造及烟草加工业	0.011	0.011	0.009	0.006	0.006	0.008	0.007
纺织业	0.002	0.001	0.000	0.002	0.003	0.001	0.001
服装皮革羽绒及其他纤维制品制造业	0.008	0.010	0.004	0.005	0.006	0.004	0.003
木材加工及家具制造业	0.017	0.015	0.007	0.013	0.017	0.011	0.012
造纸印刷及文教用品制造业	0.011	0.009	0.022	0.014	0.015	0.018	0.016
石油加工及炼焦业	0.002	-0.001	0.011	0.005	0.004	0.010	0.007
化学工业	0.009	0.004	0.014	0.009	0.010	0.012	0.011
非金属矿物制品业	0.007	0.004	0.015	0.008	0.009	0.012	0.009
金属冶炼及压延加工业	0.001	-0.001	-0.001	-0.001	-0.001	-0.002	-0.001
金属制品业	0.007	0.003	0.014	0.007	0.006	0.010	0.010

续表

	交通运输及仓储业	邮政业	信息传输、计算机服务和软件业	房地产业	租赁和商务服务业	研究与试验发展业	综合技术服务业
通用、专用设备制造业	0.012	0.007	0.021	0.012	0.012	0.018	0.015
交通运输设备制造业	0.019	0.007	0.007	0.009	0.011	0.010	0.010
电气、机械及器材制造业	0.011	0.006	0.022	0.013	0.013	0.017	0.016
通信设备、计算机及其他电子设备制造业	0.023	0.017	0.067	0.029	0.031	0.049	0.043
仪器仪表及文化办公机械制造业	0.018	0.020	0.124	0.042	0.044	0.089	0.071
其他制造业	0.006	0.001	0.001	0.003	0.004	0.001	0.002
废品及废料	0.000	−0.003	−0.004	−0.001	−0.002	−0.003	−0.002

资料来源：作者测算得出。

从生产性服务业各部门来看，信息传输、计算机服务和软件业与制造业之间的空间关系最为邻近，远高于其他生产性服务业部门，其次是研究与试验发展业、综合技术服务业（见图5-3）。

部门	空间协同集聚度
信息传输、计算机服务和软件业	0.020
研究与试验发展业	0.015
综合技术服务业	0.014
租赁和商务服务业	0.011
房地产业	0.010
交通运输及仓储业	0.010
邮政业	0.006

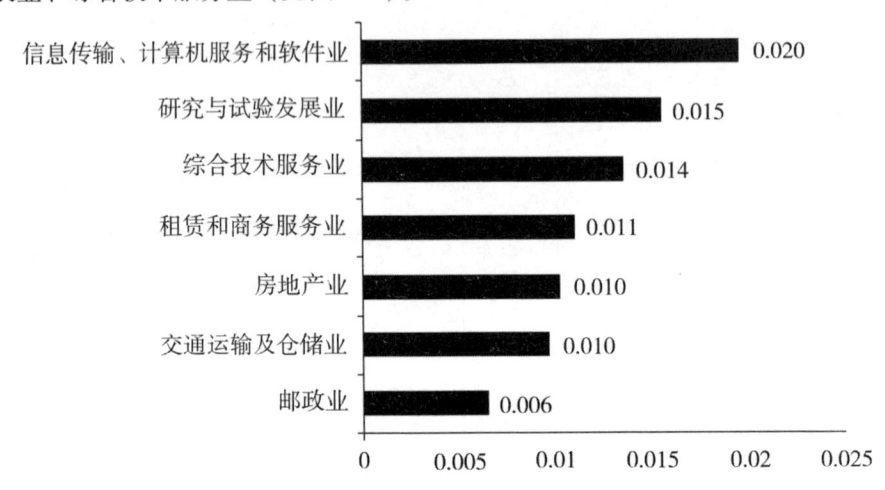

图5-3 京津冀生产性服务业各部门与制造业的空间协同集聚度

资料来源：作者测算得出。

部门	空间协同集聚度
仪器仪表及文化办公机械制造业	0.058
通信设备、计算机及其他电子设备制造业	0.037
造纸印刷及文教用品制造业	0.015
电气、机械及器材制造业	0.014
通用、专业设备制造业	0.014
木材加工及家具制造业	0.013
交通运输设备制造业	0.010
化学工业	0.010
非金属矿物制品业	0.009
食品制造及烟草加工业	0.008
金属制品业	0.008
服装皮革羽绒及其他纤维制品制造业	0.006
石油加工及炼焦业	0.005
其他制造业	0.003
纺织业	0.001
金属冶炼及压延加工业	-0.001
废品及废料	-0.002

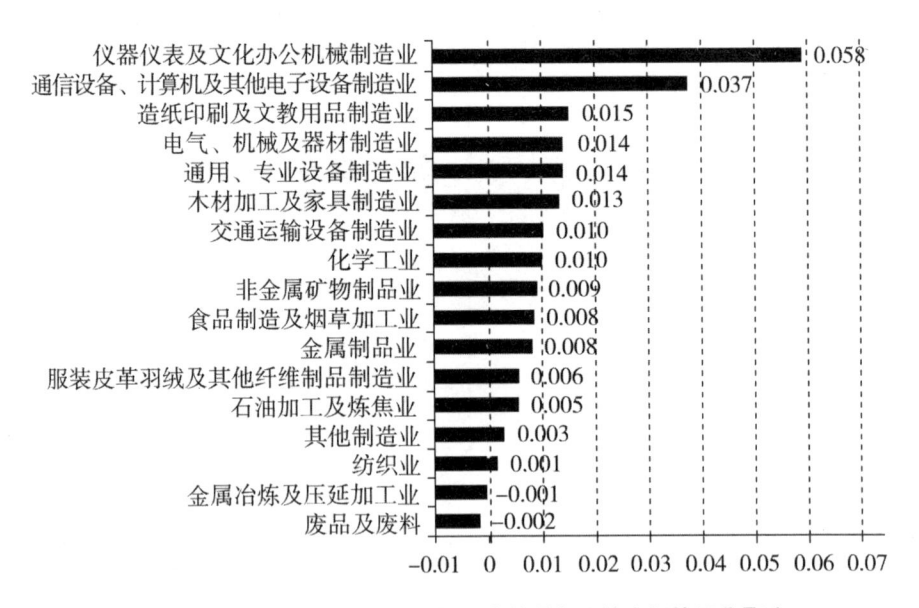

图5-4 京津冀制造业各部门与生产性服务业的空间协同集聚度

资料来源：作者测算得出。

从制造业各部门来看，仪器仪表及文化办公机械制造业与生产性服务业部门之间的空间协同集聚度远高于其他制造业部门，其次是电子设备制造业（见图 5-4）。

按制造业部门要素密集程度来看，京津冀地区资本密集型制造业与生产性服务业的空间邻近关系最为紧密，其次是技术密集型制造业，劳动密集型制造业与生产性服务业的空间协同集聚度最低。与之前三大制造业类型与生产性服务业的产业关联分析相结合可以发现：京津冀地区资本密集型制造业与生产性服务业部门的产业关联最强，空间邻近关系也最为紧密；劳动密集型制造业与生产性服务业部门的产业关联相对最弱，在空间上协同集聚度也相对最低。

（三）生产性服务业与制造业的产业关联与空间协同集聚综合分析

为了区分各类生产性服务业与各种制造业对空间邻近性的需求，以及这种空间邻近性是否由两者之间较强的投入产出关联造成，本研究参照江曼琦和席强敏的做法[1]，基于产业关联度和空间协同集聚度将生产性服务业与制造业的产业—空间关系划分为四个象限（见图 5-5）。在京津冀地区 119 对产业组合中，有 13.4% 的产业组合处于第一象限，产业关联度和协同集聚度都高，说明两者产业联系强且空间布局邻近；有 16.0% 的产业组合处于第二象限，产业关联度高但协同集聚度较低，说明两者投入产出关系密切，但空间分布较为分散；有 16.8% 的产业组合处于第四象限，协同集聚度高但产业关联度低，说明两者投入产出关系不显著，但存在较高的产业集聚[2]。由此可以看出，投入产出关系不是生产性服务业与制造业的空间集聚的唯一动因，劳动力池共享、知识溢出等其他因素也可能会促进两者的集聚。

---

[1] 江曼琦，席强敏. 生产性服务业与制造业的产业关联与协同集聚[J]. 南开学报（哲学社会科学版），2014（1）：153-160.
[2] 处于第三象限的产业组合之间产业关联度和协同集聚度都低，不在本书分析对象范围之内。

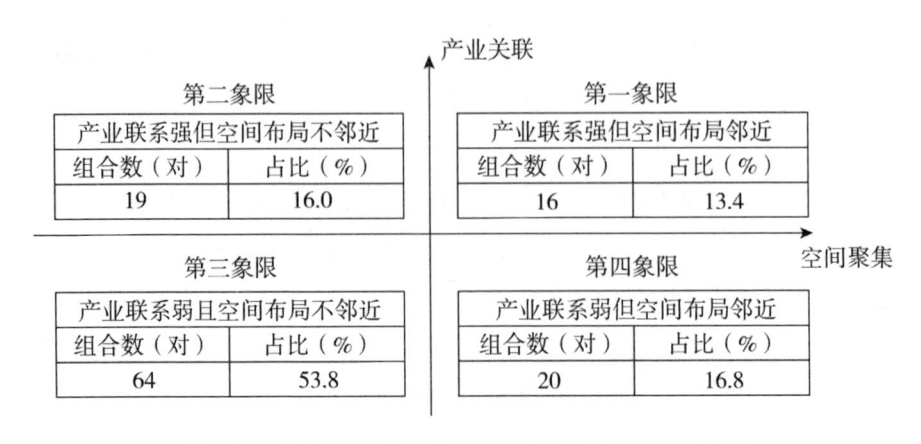

	产业关联		
第二象限		第一象限	
产业联系强但空间布局不邻近		产业联系强但空间布局邻近	
组合数（对）	占比（%）	组合数（对）	占比（%）
19	16.0	16	13.4
第三象限		第四象限	空间聚集
产业联系弱且空间布局不邻近		产业联系弱但空间布局邻近	
组合数（对）	占比（%）	组合数（对）	占比（%）
64	53.8	20	16.8

图 5-5 生产性服务业与制造业空间—产业象限分布图

资料来源：作者测算得出。

第三节 生产性服务业与制造业协同集聚的影响因素分析

生产性服务业与制造业在空间上的集聚分布特征由多种因素综合决定，本节将以天津市为例，利用计量模型实证分析马歇尔外部性理论提出的中间投入品的共享、劳动力池的共享以及知识溢出效应三大因素在天津市生产性服务业与制造业空间协同分布过程中的影响程度，以及这些影响因素对不同性质产业部门作用的差异性。

一、模型设定

集聚是产业活动在空间层面上的一个重要特征，从早期的马歇尔的外部性理论，到近年来出现的以克鲁格曼为代表的新经济地理学理论，关于制造业的空间集聚理论已经建立了一个比较成熟的研究框架，然而随着世界经济从"工业经济"向"服务经济"的转型以及社会分工专业化程度的提高，生产性服务业逐渐从原来的制造业中分离出来，成为现代社会发展中占据重要战略地位的产业部分，甚至一些国家已经进入了后工业社会时代，生产性服务业逐渐取代制造业成为国民经济中的主导产业部门。产业集聚现象不仅发生在制造业内部，还大量发生在制造业和作为其中间投入的生产性服务业之间,因此就产生了"如何在原有的产业集聚理论基础上揭示生产性服务业与制造业之间集聚的内在影响因素?"这一重要问题,本研究将就马歇尔提出的外部性对生产性服务业与制造业空间协同集聚的影响展开研究。

基于天津市第二次经济普查资料,采用天津市7个生产性服务业部门和17个制造业部门之间组成的119个产业组合构成的横截面数据来进行回归分析,建立如下模型:

$$CR_{ij} = c_0 + \alpha f(IO_{ij}, LP_{ij}, KS_{ij}) + \beta f(LI_{ij}, CI_{ij}, KI_{ij}, EC_{ij}, TC_{ij},) + \gamma f(X_{ij}) + \varepsilon_{ij} \quad 式（5-1）$$

式中,i表示生产性服务业部门,j表示制造业部门,X_{ij}为集聚因子和产业特性的交叉项,ε_{ij}表示随机干扰项。为了深入系统地揭示天津市生产性服务业部门与制造业部门之间空间协同集聚的形成机制和内在机理,本研究将同时引入集聚因子、产业特性以及两者的交叉项来解释空间协同集聚现象。

二、变量选择

本节采用以乡镇为基本行政单元测算的7个生产性服务业部门和17个制造业部门之间的空间协同集聚度来表示生产性服务业与制造业的空间集聚程度,用 CR 表示,将其作为模型的被解释变量。

模型的解释变量分为两大部分,第一部分是马歇尔提出的影响企业集聚的三大影响因子,第二部分是不同产业部门的产业特性。

（一）投入产出关联

生产性服务业和制造业之间的投入产出关联包括前向关联和后向关联,本研究基于天津市42个部门投入产出表,利用直接投入系数 a_{ij},即产业 i 对产业 j 的中间投入占产业 j 总投入的比率,衡量产业 i 对产业 j 的后向关联;利用直接分配系数 b_{ij},即产业 i 对产业 j 的中间需求占产业 i 总需求的比率,衡量产业 i 对产业 j 的前向关联。用直接投入系数 a_{ij}、a_{ji} 和直接分配系数 b_{ij}、b_{ji} 的算术平均值来测度衡量生产性服务业部门 i 与制造业部门 j 之间中间投入品共享的程度。

（二）劳动力池的共享

关于劳动力池的共享,本节将以生产性服务业各部门与制造业各部门的劳动力素质之间的差异来衡量，当这种差异性越小时，产业部门之间的劳动力匹配性就越高，从而越容易实现劳动力在产业部门之间的流动，达到劳动力池的共享。G.埃里森和E.L.格雷泽在实证美国制造业各部门之间空间集聚的内在影响因子时，用美国劳动统计局发布的国家产业—职业就业矩阵来测算各制造业部门对劳动力需求的差异性。由于在中国还不存在类似的调查数据，本研究将用各部门劳动力素质之间的差异性来衡量劳动力共享实现的难易程度。各产业部门的劳动力素质由就业教育结构（L1）、职称结构（L2）、技能结构（L3）综合决定，其中就业教育结构（L1）用产业就业中大学生和研究生及其以上学历所占比重表示，职称结构（L2）用产业就业中高级和中级技术职称所占比重表示，技能结构（L3）则用产业就业中高级技师和技师所占比重表示，取三个指标的算术平均值来衡量产业部门的劳动力素质LQ，然后用生产性服务业部门i的劳动力素质LQ_i与制造业部门j的劳动力素质LQ_j差值的绝对值LQ_{ij}衡量产业部门之间劳动力素质差异。劳动力素质差异越小，劳动力池的共享就越容易，因此为了便于分析，对LQ_{ij}进行倒数处理来代表产业部门之间的劳动力池共享。另外，为了克服回归过程中出现异方差，对指标取对数，衡量生产性服务业部门i与制造业部门j之间劳动力池共享的指标$LP_{ij}=\log(1/LQ_{ij})$。

（三）知识溢出

在本节中，产业部门之间的知识溢出效应用制造业部门新产品的销售收入占总营业收入的比重衡量，因为在产业部门内部，新产品收入所占的比重越高，就表示该产业部门对知识创新的依赖程度越高，同时对知识创新研发的投入比重也会相对较高，知识溢出的可能性也就相对越高。知识溢出指标用KS表示。

（四）产业特征

解释变量中的另外一部门用来反映产业部门的产业特性，其中包括劳动力投入强度（LI）、资本投入强度（CI）、科研投入强度（KI）、能源消耗强度（EC）以及交通运输成本强度（TC）。劳动力投入强度（LI）用单位产值所需劳动力来表示，用于衡量产业部门对劳动力的依赖程度，LI相对较高的产业部门属于劳动密集型产业部门；资本投入强度（CI）用单位产值所需实收资本来表示，用于衡量产业部门对资本投入的依赖程度，CI相对较高的产业部门属于资本密集型产业部门；科研投入强度（KI）用单位产值所需科研经费投入来表示,用于衡量产业部门对技术的依赖程度,KI 相对较高的产业部门属于技术密集型产业部门;能源消耗强度(EC)用单位产值中的综合能源消费量来表示,用于衡量产业部门对能源的依赖程度;交通运输成本强度(TC)用天津市投入产出表中产业部门总投入中来自交通运输部门的中间投入所占比重来表示,用于衡量产业部门对交通运输的依赖度(见表5-5)。

表5-5 模型变量定义及说明

变量	定义	说明
CR	产业间空间集聚度	用空间协同集聚度表示
IO	中间投入品的共享	用产业间的产业关联度表示
LP	劳动力池共享	用产业间劳动力素质差异倒数的对数表示
KS	知识溢出效应	用新产品销售收入占总营业收入的比重表示
LI	劳动力投入强度	用产业部门单位产值所需劳动力表示
CI	资本投入强度	用产业部门单位产值所需实收资本表示
KI	科研投入强度	用产业部门单位产值所需科研经费投入表示
EC	能源消耗强度	用产业部门单位产值综合能源消费量表示
TC	交通运输成本强度	用产业部门投入中来自交通运输部门的中间投入所占比重表示

四、计量回归结果分析

分三个步骤来进行计量回归:先用外部性三大集聚因子来解释空间协同集聚度,再分析产业特性对空间协同集聚度的影响,最后用对外部性、产业特性以及两者的交叉项来同时解释空间协同集聚度。以上三个步骤先都采用普通最小二乘法进行回归,对回归结果进行 white 和 BP 检验,检验结果均强烈接受同方差的原假设,故不存在异方差。一般来说,横截面数据回归不容易出现自相关,但本研究分析的产业之间在空间上分布特征容易受到相邻观测单位的影响,出现自相关,因此本研究对回归结果进行 BG 检验和 DW 检验,BG 检验的 p 值均显示强烈拒绝无自相关的原假设，DW检验值也都远小于2，即利用普通最小二乘法进行回归的结果存在自相关。为了克服自相关，本研究采用可行广义最小二乘法（FGLS），对模型进行重新估计，使用CO估计法的结果如表5-6所示。

表5-6 外部性、产业特性对生产性服务业与制造业协同集聚回归结果

变量	回归一 集聚因子	回归二 产业特征	回归三 加上交叉项
IO	0.027**		0.34**
LP	−0.003***		−0.005*
KS	0.018***		0.068***
LI		−0.178***	−0.244***
CI		0.043***	0.078***
KI		0.073**	0.112
EC		−0.028***	−0.016
TC		−0.007	−0.045
LI×LP			0.052*
TC×IO			−0.718*
常数项	0.0128***	0.015***	0.014
N	119	119	119
调整 R^2	0.211	0.416	0.521
F	11.41***	17.66***	6.53***
DW值	2.16	2.04	2.02

注：1. *表示在10%的水平显著，**表示在5%的水平显著，***表示在1%的水平显著；2. 加入交叉项后的回归结果只显示了回归结果显著的交叉项。

由回归结果可以看出：首先，马歇尔提出的三大集聚因子显著地影响生产性服务业与制造业在空间上的协同集聚。在回归一中，仅用三大集聚因子来解释空间协同集聚度，虽然调整后的拟合优度仅有0.211，但由于本研究的实证目的是探究解释变量对被解释变量的影响，而不是用解释变量来预测被解释变量，回归一的结果在统计意义上能够反映中间投入品的共享、劳动力池的共享以及知识溢出效应与天津市生产性服务业与制造业之间的空间协同集聚度的关系。其中，中间投入品的共享和知识溢出效应两大因子对于CR具有正向的影响作用，这符合理论预期，也说明天津市生产性服务业各部门与制造业各部门的产业关联以及对知识溢出效应的需求吸引两大产业部门在空间上邻近分布。但是劳动力池的共享并没有发挥出正向的促进作用，反而有显著的挤出效应，这说明从整体上来看，天津市的生产性服务业部门的劳动力与制造业部门的劳动力之间即使存在很小的劳动力素质差异，两者之间也很难实现劳动力的相互流动，从制造业部门中脱离出来的劳动力并未被生产性服务业部门所吸收，两大产业部门之间的劳动力流动性较低。

其次，在回归二中，本研究用产业部门对劳动力、资本、技术、能源以及交通运输的依赖程度等产业特性来对生产性服务业与制造业的空间协同集聚度进行回归。结果显示资本投入强度（CI）和科研投入强度（KI）的提高显著地促进空间协同集聚度的提高，说明资本密集型以及技术密集型的制造业部门趋向于与生产性服务业部门在空间上邻近分布，而劳动力投入强度（LI）、能源消耗强度（EC）则显著地与空间协同集聚度负相关，说明劳动密集型和能源依赖型的制造业部门在空间布局时主要受劳动力市场、能源等因素的影响，生产性服务业产业部门对劳动密集型和能源依赖型的制造业部门不存在空间邻近的吸引力。

最后，本节在回归模型中同时引入集聚因子、产业特性以及两者的交叉项来分析不同产业特性的制造业部门与生产性服务业部门的产业组合之间的空间协同集聚度受三大集聚因子影响的差异性。集聚因子和产业特性在回归三中的统计结果与单独引入两者的结果类似。回归三中中间投入品共享（IO）的回归系数与回归一中的回归系数存在较大差异的原因在于回归三中引入了中间投入品共享（IO）的交叉项，含有IO的交叉项的系数出现负值，则使回归三中IO

的回归系数高于回归一中的系数。

在产业特性与集聚因子的 15 个交叉项中，仅有 2 项在统计意义上具有显著性：（1）劳动力投入强度（LI）与劳动力池共享（LP）的交叉项显著为正，说明虽然从整体上看天津市生产性服务业部门的劳动力与制造业部门的劳动力没有实现共享，但是随着产业部门劳动力投入强度的提高，劳动力池共享对产业间集聚的拉动效应会逐渐显现，劳动力密集型制造业的劳动力容易与对劳动力投入需求较多的生产性服务业部门的劳动力之间形成流动，从而促进产业间集聚。（2）交通运输成本强度（TC）与中间投入品的共享（IO）的交叉项显著为负，说明具有产业关联的生产性服务业部门与制造业部门组合如果对交通运输成本的依赖性较高，则会趋向于分散布局，因为对交通成本依赖度较高的制造业部门为降低交通成本，会选择邻近交通网络节点布局或者在与其交通运输来往频繁的上下游产业部门周边布局，这些制造业部门与具有较强产业关联的生产性服务业部门之间的产业联系大多不是依赖交通运输来实现的，从而并没有强烈的空间邻近分布需求。

基于制造业间集聚现象提出的马歇尔外部性理论同样适用于解释生产性服务业与制造业之间的空间协同集聚现象。本研究以天津市为例，实证分析得出外部性理论的三大集聚因子显著地影响生产性服务业与制造业在空间上的协同集聚，其中，中间投入品的共享和知识溢出效应吸引天津市两大产业部门在空间上邻近分布，但劳动力池的共享并没有发挥出正向的促进作用，反而有显著的挤出效应。另外，资本密集型和技术密集型制造业部门趋向于与生产性服务业部门在空间上邻近分布，而劳动密集型和能源依赖型的制造业部门在空间布局时主要受劳动力市场、能源等因素影响，对邻近生产性服务业部门布局的必要性较弱。

第四节 生产性服务业与制造业协同发展的方向与建议

城市群内城市之间的产业空间结构存在两种极端的状态：一种是各产业部门高度集聚在发达的中心城市，过分夸大了中心城市的集聚作用；另一种则是把城市群整体视为一个均质体，各产业在城市群内均匀分布，不符合城市群内各城市自然禀赋存在较大差异的客观现实。本书认为构建京津冀地区合理的产业空间分工体系是实现生产性服务业与制造业协同发展的有效路径。

一、京津冀产业空间分工体系的空间结构

结合《京津冀协同发展规划纲要》对三省市的功能定位①，本研究认为京津冀地区的生产性服务业主要在北京、天津、石家庄等中心城市集聚，制造业则在具有本产业比较优势的中小城市集聚。

（一）北京、天津、石家庄等中心城市的"服务"功能

生产性服务业各部门在城市内部集聚，相互之间的关系更多的是互补或竞争关系，而不是上下游关系，可以较为容易地实现跨行业的知识溢出，适合在中心城市内部集聚。同时，中心城市的经济发展水平较高，居民的消费结构也已经从简单的物质追求转变到物质和精神的双重追求，多个生产性服务业部门在中心城市的集聚正好能满足中心城市居民多样化的需求。在京津冀地区城市产业空间分工结构中，北京、天津、石家庄等中心城市通过多个生产性服务业部门的共同集聚承担着服务功能，某些高级生产性服务业对劳动力、资本等投入要素的需求较高，仅能在发达的中心城市布局，而周边的中小城市也有对这些高级生产性服务的中间需求，因此中心城市的生产性服务业还承担着为周边城市提供服务外延的功能。

（二）中小城市的"生产"功能

随着城市化进程的不断推进，在土地租金压力、劳动力资源"袭夺"、城市产业政策倾斜等多重压力下，制造业会考虑逐渐将部分生产环节退出北京等中心城市，而周边的中小城市成为其理想的集聚地。与中心城市相比，周边的中小城市具有相对低廉的地租和低工资的劳动力，而且地理位置毗邻，可以减少与留在中心城市的产业链配套环节的运输成本。此外，中小城市还

---

① 北京市是全国政治中心、文化中心、国际交往中心、科技创新中心，天津市是全国先进制造研发基地、北方国际航运核心区、金融创新运营区、改革开放先行区，河北是全国现代商贸物流重要基地、产业转型升级试验区、新型城镇化与城乡统筹示范区、京津冀生态环境支撑区。

处于通过制造业发展实现城市规模扩大的阶段，具备制造业所需的产业发展环境。京津冀地区内各中小城市的比较优势不同，吸引不同类型的制造业部门集聚，使得各中小城市具备不同的生产功能，这种生产功能在城市之间的分工不仅发生在制造业的各行业之间，而且还发生在行业产业链的各生产环节之间。

（三）中心城市的生产部门和中小城市的服务部门

生产性服务业和制造业在京津冀内部形成的"服务—生产"的城市产业空间分工体系，并不意味着制造业会完全退出中心城市，也不意味着中小城市就不发展生产性服务业。一方面，技术密集型制造业部门对金融服务、科技创新等高级生产性服务业的中间需求比重较高，并且这些制造业部门的产品附加值较高，能够承受中心城市的地租成本，选择在中心城市集聚。反过来中心城市也需要发展部分制造业部门，以此来保障城市的就业水平，夯实城市产业发展的基础，增强抵御金融风险的能力。另一方面，由于空间距离的存在，中心城市的服务功能并不能满足中小城市制造业的所有服务需求，尤其是那些需要"面对面"服务的生产性服务业部门，如商务服务、交通运输服务等部门。因此作为制造业的配套产业，生产性服务业会根据当地制造业的中间投入需求，在中小城市内部出现一定的集聚现象。

二、京津冀产业空间分工体系的协调机制

京津冀地区产业空间结构优化调整的实质是，各类生产要素和企业在以价格信号为基础的市场导向和各城市政府部门行为的推动下形成的效应最大化的产业空间布局状态。当在市场经济条件下，各城市之间由于行政壁垒的存在而使得市场导向作用不能得到充分发挥，出现市场失灵现象时，政府部门的协调作用就显得尤为重要。

（一）建立京津冀地区协调管理机构

京津冀地区内产业空间分工体系的构建必然会带来空间结构的调整，这会涉及区域内各城市之间的产业转移、各城市政府产业空间规划的调整，在空间调整过程中必然存在城市政府部门之间的利益冲突。因此，为了推进京津冀地

区产业空间分工体系的构建,必须在京津冀地区内建立一个可以协调各城市间产业转移及产业发展规划调整的政府管理机构。这个协调管理机构并不是超越各个城市政府部门的行政机构,它主要发挥着指导、协调功能,避免各个城市在产业空间调整过程中出现重复建设、恶性竞争等现象。

(二) 完善城市间利益分配机制

京津冀地区产业空间结构调整过程中的利益分配是协调各城市政府部门之间关系的关键问题。为了实现经济运行效率的最大化,中心城市应该将某些自身不具有比较优势的产业链环节转移到周边具有比较优势的中小城市,通过跨城市分工合作来实现城市间的利益共享,比如,中心城市的制造业企业为了减少大城市相对高昂的地租成本和人力成本,可以将制造工厂向周边中小城市转移,而将销售中心、研发中心、控制中心等产业链环节仍留在中心城市,实现企业内的地域分工。这种跨城市的产业分工合作模式有利于资源的有效配置,但会带来产业转移方(中心城市)和产业迁入方(中小城市)之间关于政府绩效的分配问题。因此双方应该通过协商的形式建立一套完善合理的城市间利益分配机制,从而减少产业转移的利益纠纷,引导京津冀地区内部生产性服务业在中心城市集聚,推动制造业在相应的中小城市集聚,形成双重集聚的格局。

(三) 加快制造业产业转型升级

在产业价值链中,位于价值链两端的生产性服务业的附加值明显高于制造业,这在一定程度上会拉大生产性服务业集聚的中心城市和制造业集聚的中小城市的经济差距。但从整体来看,中心城市和周边的中小城市是一个互动的整体,虽然中小城市的产业空间布局重点是其具有比较优势的制造业部门,但这些城市的政府部门可以利用邻近的中心城市的高端生产性服务业和本地生产性服务业的人才和技术支撑,对其制造业部门进行改造、升级,使得制造业部门从传统的高投入、低附加值的生产模式向低投入、高附加值的生产模式转变,从而加快城市经济发展的步伐,缓解京津冀地区产业空间结构体系调整与区域经济协调发展之间的矛盾,促进京津冀地区内城市间经济协调发展。

第五节　本章小结

京津冀生产性服务业与制造业的协同发展有助于完善京津冀产业空间分工体系，促进区域经济协同发展。本章研究发现：在城市层面上，北京各类生产性服务业份额大，且多为该地区的比较优势行业；天津制造业份额较大，且比较优势突出，各类生产性服务业与河北各地市相比份额仍然较大，但比较优势不突出；河北各地市制造业份额大于各类生产性服务业，但比较优势行业的区位商都有所下降。在区县层面上，整体来看，京津冀地区生产性服务业与制造业的产业关联度较高，但空间协同集聚度较低；具体来看，资本密集型制造业与生产性服务业的产业关联最强，空间邻近关系也最为紧密，而劳动密集型制造业与生产性服务业的产业关联最弱，空间协同集聚度也最低。结合以上分析，本章提出京津冀地区要构建生产性服务业与制造业协同发展的产业空间分工体系，即北京、天津、石家庄等中心城市主要集聚各类生产性服务业，并发展部分高新技术制造业来保障城市的就业水平，夯实城市产业发展的基础；大城市周边的中小城市主要集聚各类制造业，并根据当地制造业的中间投入需求，适当发展交通运输服务、商务服务等生产性服务业部门。同时，京津冀地区需要建立一个可以协调各城市间产业转移及产业发展规划调整的政府管理机构，以便促进城市间利益合理分配并推动制造业产业转型升级。

另外，本章以天津市为例，采用计量模型实证分析了外部性对天津市生产性服务业与制造业空间协同集聚的影响程度，以及这些影响因素对不同性质产业部门作用的差异性，研究发现：第一，从生产性服务业各部门来看，信息传输、计算机服务和软件业与制造业之间的空间关系最为邻近，远高于其他生产性服务业部门，其次是研究与试验发展业、综合技术服务业。从制造业各部门来看，技术密集型制造业与生产性服务业的空间邻近关系最为紧密，其次是劳动密集型制造业，资本密集型制造业与生产性服务业的空间协同集聚度最低。第二，马歇尔提出的三大集聚因子显著地影响天津市生产性服务业与制造业在空间上的协同集聚，其中，中间投入品的共享和知识溢出效应两大因子吸引天津市两大产业部门在空间上邻近分布,但是劳动力池的共享并没有发挥出正向的促进作用,反而有显著的挤出效应,两大产业部门之间并没有实现劳动力池的共享。另外,资本密集型以及技术密集型的制造业部门趋向于与生产性服务业部门在空间上邻近分布,而劳动密集型和能源依赖型的制造业部门在空间布局时主要受劳动力市场、能源等因素的影响,对邻近生产性服务业部门布局的必要性较弱。

第六章

北京市生产性服务业动能提升与空间优化

《北京城市总体规划（2016—2035 年）》提出"聚焦价值链高端环节，促进金融、科技、文化创意、信息、商务服务等现代服务业创新发展和高端发展"。新版城市总体规划实施以来，北京市人均 GDP 在减量发展背景下仍保持增长态势，实现了从集聚资源求增长转向疏解功能谋发展的重大转变，经济高质量发展取得新进展新成效。随着首都"四个中心"功能建设的全面加强以及非首都功能的有序疏解，第三产业尤其是生产性服务业将成为北京市未来经济发展的核心产业，在经济发展中的主导地位得到不断加强。在此背景下，本章以生产性服务业为研究对象，对其增长动能与效率水平的变化趋势进行研判，并与上海、深圳等城市进行横向对比分析，继而揭示目前存在的突出问题，提出面向经济高质量发展的生产性服务业优化提升策略。

第一节　生产性服务业增长动能分析

北京市经济发展历经了服务经济到工业经济再到服务经济的结构转变，现在正处于内部结构优化与总体经济的高端化阶段。科学评估总规实施以来北京生产性服务业高质量发展的成效与问题，对于贯彻落实首都城市战略定位，支撑北京市经济转型升级，转变经济发展方式，推进集约减量发展，缓解人口资源环境矛盾等结构性问题具有重大意义。本部分将结合历次经济普查数据与经济统计数据，对北京市三次产业结构和生产性服务业内部结构变动进行分析，以明确当前北京生产性服务业增长动能的现状和特点。

<<< 第六章　北京市生产性服务业动能提升与空间优化

一、从三次产业部门来看，服务业对经济增长的贡献率高达 88.6%，高于上海和深圳水平

以产业结构优化为核心特征的高质量发展路径正在深刻影响着北京的经济增长轨迹。从产业结构调整的长期态势看来，第三产业的不断发展和第一产业、第二产业的比重不断下降是北京市产业结构调整的主要趋势，呈现"去工业化"态势。2010 年以来，北京市第三产业比重不断提升，2020 年第三产业占比达到了 83.8%，但随着 2021 年北京市第二产业实现了 23.2% 的增长，第三产业占比在近十年来首次下降，调整为 81.7%。第二产业的快速增长主要是因为疫苗生产带来的医药制造行业规模以上增加值比 2020 年增长了 252.1%。

北京市是国内首个服务业占 GDP 比重超过 80% 的大城市，随着首都"四个中心"定位的明确以及不符合首都功能定位产业的不断疏解，第三产业尤其是现代服务业将成为未来经济发展的核心产业类型，第三产业在北京市经济的主导地位得到不断加强。从"十二五"和"十三五"时期驱动城市经济增长的动能来看（见表 6-1），服务业一直是北京市经济增长的主要驱动力，在上述两个五年规划时期的贡献率均高达 88.6%。横向来看，上海市服务业在"十二五"时期对经济增长的贡献率高达 96.5%，但在"十三五"时期随着对第二产业发展的重视，服务业的贡献率降低到 80.6%；深圳市第二产业在"十三五"时期对城市经济增长的贡献率达到了 32.7%，并于 2022 年 5 月 26 日出台《关于进一步促进深圳工业经济稳增长提质量的若干措施》，明确提出开创工业立市新格局、争创制造强市新优势的发展思路，可以预见的是，在该措施的推动下，第二产业的贡献率将逐步提升。

表 6-1　北京与主要城市三次产业对经济增长贡献率的对比

		北京	上海	深圳	天津	杭州	广州
2011—2015 年	第一产业	0.1%	0.0%	0.0%	0.7%	1.7%	0.4%
	第二产业	11.3%	3.5%	31.1%	14.4%	19.3%	13.2%
	第三产业	88.6%	96.5%	68.9%	84.9%	79.0%	86.4%

续表

		北京	上海	深圳	天津	杭州	广州
2016—2020年	第一产业	-0.2%	-0.1%	0.2%	1.6%	0.5%	0.9%
	第二产业	11.6%	19.5%	32.7%	16.7%	14.6%	15.3%
	第三产业	88.6%	80.6%	67.1%	81.7%	84.9%	83.8%

数据来源：根据各城市统计年鉴整理计算。

纵观上海、深圳及东京、伦敦等国际化大都市，服务业对经济增长贡献率最高。同时，从进入后工业化时代后的产业变革路径来看，各国际化大都市都曾经历服务业比重持续上升，制造业比重经一段时间下降后保持均衡的过程。2013年开始，北京已进入后工业化发达经济阶段。在此阶段，其发展动力机制既有共性的规律，也有各个城市不同的个性特点。就北京而言，其发展动力来源既有后工业化发达经济阶段的共同特点，也在知识经济主导的经济发展阶段中，知识代替资源成为最重要的生产要素。

二、从行业门类来看，信息和金融服务业是北京经济增长的主要动能，而商务服务业对经济增长的贡献明显偏弱

基于"十三五"时期北京与上海、深圳各行业门类对经济增长贡献率的对比分析可以发现（见表6-2）：信息传输、软件和信息技术服务业，金融业两个行业是北京经济增长的主要动能，两个行业的贡献率合计高达54.5%，并且从产业结构上看也是规模最大的两个行业。

租赁和商务服务业增加值占GDP比重在"十三五"期间出现大幅度的下降，2020年增加值占GDP比重仅为6.1%。从经济贡献来看，2016—2020年期间，北京租赁和商务服务业对经济增长的贡献率仅为1.3%，在17个行业门类中位于第十一。与上海、深圳相比，北京的租赁和商务服务业对城市经济增长的贡献相对偏弱。基于此问题，本研究进一步对商务服务业的细分行业进行分析。

表 6-2 北京与上海、深圳各行业门类对经济增长贡献率的对比

	2016—2020 年 对经济增长的贡献率			2020 年 占 GDP 的比重		
	北京	上海	深圳	北京	上海	深圳
农、林、牧、渔业	-0.2%	0.0%	0.3%	0.3%	0.3%	0.1%
工业	6.4%	21.2%	25.2%	11.7%	25.3%	34.4%
建筑业	5.1%	-1.6%	5.3%	4.3%	1.9%	3.4%
批发和零售业	2.4%	9.1%	2.3%	7.6%	13.2%	8.4%
交通运输、仓储和邮政业	0.5%	4.1%	1.2%	2.3%	4.3%	2.6%
住宿和餐饮业	-0.6%	0.7%	0.3%	1.1%	1.2%	1.4%
信息传输、软件和信息技术服务业	28.0%	7.6%	19.7%	15.3%	6.3%	10.4%
金融业	26.5%	18.4%	16.8%	19.9%	17.3%	15.1%
房地产业	4.4%	11.8%	11.0%	7.3%	8.7%	9.3%
租赁和商务服务业	1.3%	12.7%	7.4%	6.1%	7.6%	4.3%
科学研究和技术服务业	11.1%	7.1%	4.2%	8.3%	4.5%	3.0%
水利、环境和公共设施管理业	1.0%	1.0%	0.3%	0.9%	0.6%	0.3%
居民服务、修理和其他服务业	0.2%	0.1%	0.5%	0.6%	0.9%	1.0%
教育	7.9%	4.1%	2.7%	5.5%	3.4%	2.5%
卫生和社会工作	2.5%	3.4%	1.6%	2.7%	2.4%	1.5%
文化、体育和娱乐业	1.0%	0.3%	-0.1%	2.0%	0.6%	0.3%
公共管理、社会保障和社会组织	2.5%	0.1%	1.2%	4.2%	1.7%	1.8%

数据来源：根据各城市统计年鉴整理计算得出。

三、从商务服务业内部来看，企业管理服务行业下滑趋势明显，空间布局上呈现从高效率地区向低效率地区转移的特征

商务服务业属于现代服务业和生产性服务业，包括企业管理服务、法律服务、咨询与调查、广告业、会议展览服务等行业，是符合现代服务业要求的人力资本密集行业，具有高成长性、高技术含量和高附加值的特征。基于北京租赁和商务服务业对经济增长的贡献明显偏弱的问题，本书进一步对商务服务业的细分行业进行分析。

第三次和第四次经济普查数据显示，2013—2018年，北京商务服务业的法人单位数增加了4.76万家，但营业收入规模仅增加了1523亿元，法人单位平均营业收入降幅高达17.3%，企业平均规模降幅较大，这在一定程度上与行业发展趋势有关，一方面大规模企业的比例下降，另一方面小规模企业涌现。

从各细分行业的变动来看（见表6-3），企业总部管理和投资与资产管理这两个企业管理服务行业的下滑趋势明显，营业收入规模分别减少了2284.9亿元和214.5亿元。其中企业总部管理服务企业的平均营业收入由2013年的4.0亿元下降到0.4亿元，下降了90%，由此导致企业总部管理服务业营业收入占商务服务业的比重由2013年的41.1%下降至2018年的15.8%。

表6-3 北京商务服务业各行业中的主要指标及变化情况

	2018年			2013—2018年		
	法人单位数（个）	营业收入（亿元）	营业收入占比	法人单位数（个）	营业收入（亿元）	营业收入占比
商务服务业	171345	11485.6	100.0%	47627	1523.4	100.0%
企业总部管理	4314	1809.2	15.8%	3290	-2284.9	-25.3%
投资与资产管理	24672	746.8	6.5%	7798	-214.5	-3.1%
法律服务	2578	246.1	2.1%	567	147.7	1.2%
咨询与调查	68412	1810.6	15.8%	24649	822.6	5.8%
广告业	20529	2942.1	25.6%	2720	1561.5	11.8%
人力资源服务	6340	1203.7	10.5%	3261	669.1	5.1%

续表

	2018年			2013—2018年		
	法人单位数（个）	营业收入（亿元）	营业收入占比	法人单位数（个）	营业收入（亿元）	营业收入占比
安全保护服务	1080	270.5	2.4%	589	183.1	1.5%
会议及展览服务	16990	487.6	4.2%	6416	229.0	1.6%
旅行社及相关服务	3997	1058.9	9.2%	1712	443.4	3.0%

数据来源：根据北京市第三次、第四次经济普查数据整理计算得出。

从商务服务业的空间分布来看，北京市商务服务业高度集聚在朝阳区，2020年朝阳区租赁和商务服务业增加值占全市的比重高达41.6%（见表6-4）。从变动趋势来看，2015—2020年朝阳区、西城区和东城区商务服务业的份额均在下降，而海淀区、北京经济技术开发区、大兴区和通州区的商务服务业份额上升。结合商务服务业劳均营业收入的指标可以发现，北京市商务服务业效率相对较高的地区商务服务业增加值份额在下降，而增加值份额上升的地区商务服务业的效率有待进一步提高。

表6-4 北京各区租赁和商务服务业增加值占全市的比重及其变化

	增加值占比			劳均营业收入（万元/人）
	2020年	2015年	2015—2020年	2018年
东城区	9.2%	11.6%	-2.4%	102.2
西城区	12.4%	15.2%	-2.8%	96.1
朝阳区	41.6%	47.0%	-5.4%	86.7
丰台区	7.2%	6.6%	0.6%	27.2
石景山区	1.5%	1.0%	0.5%	48.9
海淀区	12.5%	10.3%	2.2%	68.1
门头沟区	0.2%	0.2%	0.0%	25.2
房山区	1.1%	0.5%	0.6%	28.8
通州区	1.8%	0.5%	1.3%	50.9

续表

	增加值占比			劳均营业收入（万元/人）
	2020年	2015年	2015—2020年	2018年
顺义区	3.1%	3.3%	-0.2%	39.2
昌平区	2.2%	1.4%	0.8%	21.6
大兴区	2.1%	0.7%	1.4%	42.2
怀柔区	1.0%	0.3%	0.7%	33.6
平谷区	0.4%	0.2%	0.2%	28.8
密云区	0.3%	0.4%	-0.1%	31.1
延庆区	0.6%	0.1%	0.5%	14.1
北京经济技术开发区	2.8%	0.8%	2.0%	43.8

数据来源：根据北京市统计年鉴和第四次经济普查数据整理计算得出。

第二节 生产性服务业效率水平分析

在构建高精尖经济结构与集约高效发展的目标导向下，对北京市分行业的效率水平进行研究，重点是揭示生产性服务业分行业的效率水平差异与变动特征，探讨生产性服务业高质量发展的重点和转型方向。

一、减量发展背景下北京人均产值仍保持增长态势，与上海的差距逐渐扩大

城市总规实施以来，减量发展迈出坚实步伐，常住人口规模、城乡建设用地规模、建筑规模"三个减量"的同时，人均产值和地均产值仍保持增长态势，全员劳动生产率从2015年的人均21.2万元提高到2020年的28万元以上，实现了从集聚资源求增长转向疏解功能谋发展的重大转变。

常住人口规模由"增"到"减"的同时，人均GDP在2015年之后增速呈明显上升趋势。从2011年—2020年北京与上海人均生产总值的对比可以看出：

2011年以来北京市人均生产总值一直高于上海（见图6-1），且从两市人均生产总值的比值来看，2016年以后，北京与上海人均生产总值的差距在逐渐扩大，减量发展背景下北京经济质量得到了提升。

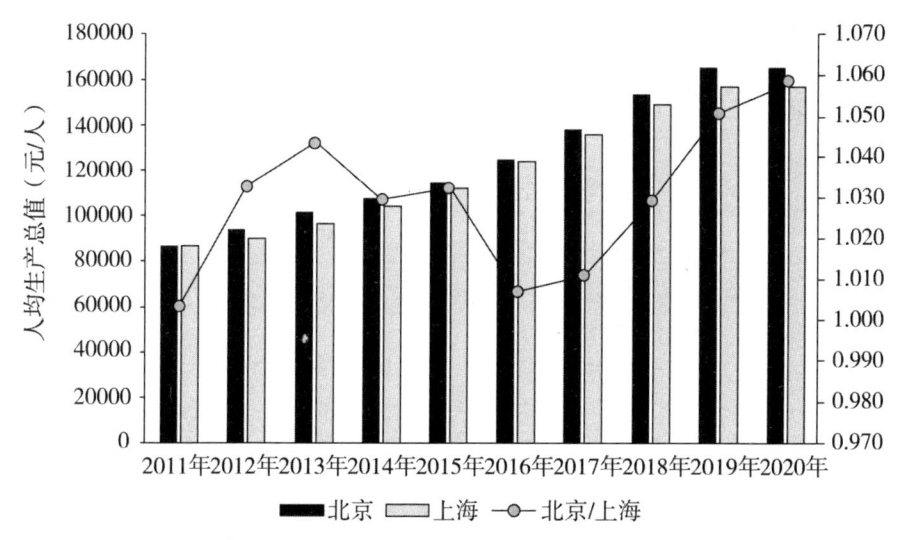

图6-1 北京与上海人均生产总值的对比分析

数据来源：根据各城市统计年鉴整理计算得出。

二、从三次产业部门来看，北京劳动生产率整体呈上升趋势，劳动生产率明显优于上海和深圳

从劳动生产率来看，2010年—2020年，北京全员劳动生产率、第二产业和第三产业劳动生产率一直在上升，并且增速也呈现上升趋势（见图6-2）。随着不符合首都功能定位产业的不断疏解，第二产业劳动生产率从2015年开始快速增长，增速明显高于其他产业部门的生产率变化，从2016年开始已超过了第三产业劳动生产率，且差距呈现进一步扩大态势。2020年，第二产业劳动生产率达到33.3万元/人，比第三产业劳动生产率高出4.5万元/人。与上海、深圳相比，北京的全员劳动生产率、第二产业和第三产业劳动生产率处于较高的水平（见图6-3）。

2018年之后，全员劳动生产率和三次产业部门的劳动生产率增速均呈现下降趋势，未来为应对错综复杂的国际国内形势影响，需加快构建特色与活力兼

备的现代化经济体系。

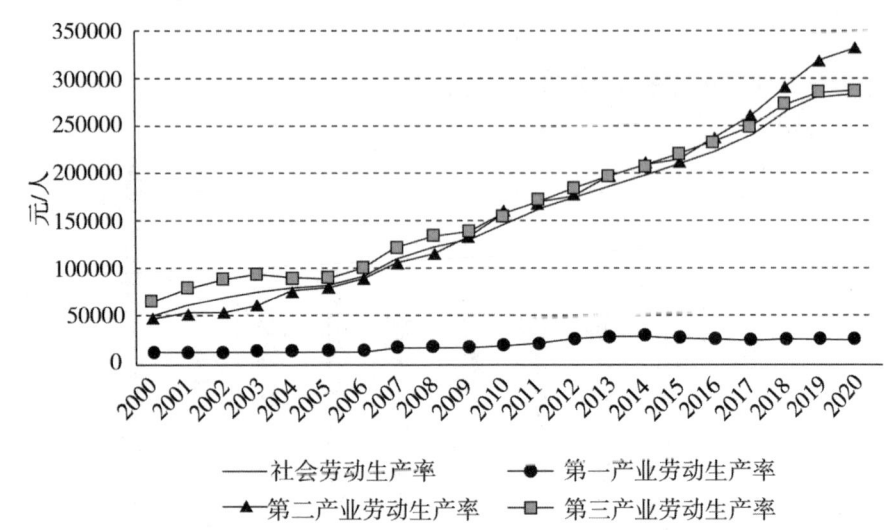

图 6-2　2000—2020 年北京市全社会劳动生产率与三次产业生产率

数据来源：根据北京统计年鉴整理计算得出。

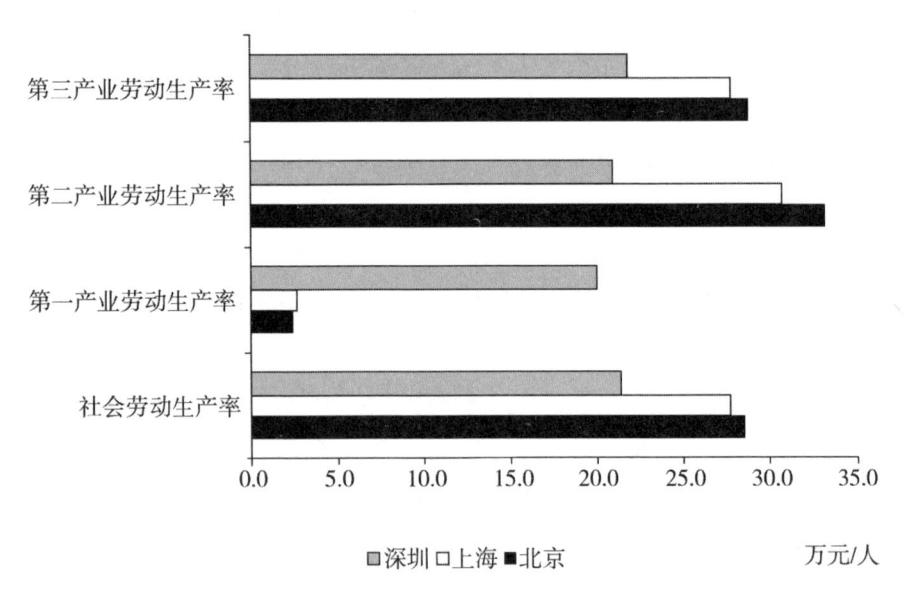

图 6-3　2020 年北京与上海、深圳劳动生产率的对比

数据来源：根据各城市统计年鉴整理计算得出。

三、从行业门类来看，金融服务和商务服务的品质和效率有待提升

从各行业门类的劳动生产率来看（见表6-5），北京相对于上海和深圳，生产率优势行业是工业，建筑业，信息传输、软件和信息技术服务业，科学研究和技术服务业以及所有的生活性服务业和公共服务业。由此可以说明随着非首都功能疏解工作的推进，北京的第二产业、生活性服务业和公共服务业的生产率水平得到了较大的提升。然而，在金融业、租赁和商务服务业这两个生产性服务业部门，北京的劳动生产率水平离上海还有一定的差距。为推动生产性服务业向专业化、高端化拓展，未来应优化提升金融服务和商务服务业，进一步提升服务业的品质和产业的效率。

表6-5　2020年北京与上海、深圳各行业门类劳动生产率的对比

单位：万元/人

	北京	上海	深圳
工业	45.9	40.6	22.8
建筑业	21.1	7.0	11.6
批发和零售业	26.9	20.4	10.6
交通运输、仓储和邮政业	13.5	17.6	14.9
住宿和餐饮业	9.5	6.9	5.8
信息传输、软件和信息技术服务业	42.5	32.1	34.9
金融业	108.7	151.0	108.3
房地产业	43.1	60.7	40.1
租赁和商务服务业	16.1	18.4	11.6
科学研究和技术服务业	31.4	28.0	18.2
水利、环境和公共设施管理业	20.6	9.8	11.8
居民服务、修理和其他服务业	10.3	7.6	7.3

续表

	北京	上海	深圳
教育	28.5	27.7	22.7
卫生和社会工作	27.7	24.9	26.5
文化、体育和娱乐业	27.5	17.3	8.3
公共管理、社会保障和社会组织	37.9	19.8	23.6

数据来源：根据各城市统计年鉴整理计算。

第三节 生产性服务业空间布局特征分析

城市经济的发展不仅取决于经济要素总量，也取决于各经济要素的空间布局。产业的空间布局是各产业为选择最佳区位而在空间上流动、转移或重新组合的配置与再配置的过程，是城市产业结构组织是否合理的重要标志。

一、"多点"地区处于新旧动能的转换期，高端生产性服务业对经济增长的支撑能力有待提高

随着一般制造业的逐步退出，顺义、昌平、大兴、房山、亦庄等"多点"地区正处于新旧动能的转换期，但由于科技、金融等现代服务业的发展环境尚未成熟，现阶段面临旧动能退出，但新动能尚未发挥功效的问题。从2015—2020年各区经济增长贡献率的分解结果来看（见表6-6），除亦庄以外，房山、顺义、昌平和大兴区的经济增长动力主要来源于第三产业，贡献率分别高达118.8%、116.0%、76.9%和83.5%，其中房山和顺义区第二产业发展出现了负增长的现象。从行业门类的贡献率来看，信息传输、软件和信息技术服务业，金融业，租赁与商务服务业，科学研究和技术服务业等高端生产性服务业对"多点"地区经济增长的贡献仍不大，而房地产业对"多点"地区经济增长的贡献率偏高，可持续性和抗风险性偏弱。

表 6-6 2015 年—2020 年"多点"地区各行业对经济增长的贡献率

(%)

	房山区	顺义区	昌平区	大兴区	亦庄
第一产业	-0.1	-1.4	0.0	-2.0	0.0
第二产业	-18.7	-14.6	23.2	18.5	65.6
第三产业	118.8	116.0	76.9	83.5	34.4
农林牧渔业	-0.2	-1.3	0.0	-2.0	0.0
工业	-23.3	-15.8	17.6	10.1	63.5
建筑业	5.5	6.9	3.1	8.6	2.1
批发和零售业	5.6	1.5	3.5	4.2	3.1
交通运输、仓储和邮政业	-4.9	4.9	0.7	0.7	1.4
住宿和餐饮业	2.0	0.0	-0.1	0.4	-0.1
信息传输、软件和信息技术服务业	5.6	12.9	9.5	3.9	9.0
金融业	15.2	47.7	11.3	16.7	4.1
房地产业	29.7	19.3	13.8	12.4	5.7
租赁与商务服务业	7.3	2.3	5.0	8.3	5.0
科学研究和技术服务业	8.6	3.1	6.5	6.5	2.3
水利、环境和公共设施管理业	2.9	1.1	1.2	3.1	0.2
居民服务、修理和其他服务业	1.0	0.6	0.2	1.1	0.1
教育	15.7	6.2	14.1	9.6	0.8

续表

	房山区	顺义区	昌平区	大兴区	亦庄
卫生和社会工作	9.3	2.6	6.7	4.0	0.4
文化、体育和娱乐业	1.2	0.6	0.8	0.8	0.2
公共管理、社会保障和社会组织	18.7	7.4	6.2	11.7	2.0

数据来源：根据《北京区域统计年鉴》整理计算。

二、创新投入和产出主要集中于海淀区和经开区，"多点"地区的创新转化能力有待提高

创新投入方面，从规模以上工业企业的 R&D 经费支出来看，经济技术开发区的研发投入力度最大，2020 年规模以上工业企业 R&D 经费支出达到 83.91 亿元，占全市的 28.21%。海淀区其次，规模以上工业企业 R&D 经费支出达到 69.47 亿元，占全市的 23.36%（见表6-7）。

创新产出方面，无论是从发明专利授权数量来看，还是从技术合同成交总额来看，创新产出都高度集中在海淀区和朝阳区，尤其是海淀区，该区 2020 年发明专利授权数量达到 33829 件，占全市的 53.47%，技术合同成交总额达到 2040 亿元，占全市的 32.30%，具有突出的领先优势（见表6-7）。"多点"各区的创新产出能力与海淀、朝阳相比仍有较大差距，创新转化水平有待进一步提升。

表6-7 2020年北京市各区创新投入与产出指标占全市的比重

(%)

	创新投入	创新产出	
	工业企业的 R&D 经费	发明专利授权量	技术合同成交总额
东城区	1.12	4.25	7.62
西城区	1.71	6.46	3.64

续表

	创新投入	创新产出	
	工业企业的R&D经费	发明专利授权量	技术合同成交总额
朝阳区	4.76	18.13	19.79
丰台区	3.45	4.30	17.12
石景山区	1.47	1.91	1.78
海淀区	23.36	53.47	32.30
门头沟区	0.82	0.15	0.49
房山区	1.45	0.67	0.18
通州区	5.02	0.72	6.00
顺义区	5.74	1.33	1.20
昌平区	11.39	3.95	2.33
大兴区	32.93	3.77	6.97
怀柔区	2.69	0.51	0.21
平谷区	0.96	0.09	0.03
密云区	2.49	0.20	0.24
延庆区	0.64	0.09	0.09

数据来源：根据《北京区域统计年鉴》整理计算。

三、城南地区创新结构与产业结构的匹配度不高，导致城南地区创新活动形成的创新链与产业链缺乏足够的衔接

作为北京"一核两翼"的腹地和京津冀协同发展的重要战略门户，北京城南地区经济的高质量发展对于推进集约减量发展、缓解南北发展不平衡等结构性问题具有重大意义。为提升城南地区的经济发展质量，北京市先后于2010—2012年、2013—2015年和2018—2020年实施了三轮城南行动计划，目前正在开

展新一轮的行动计划，投入了一系列的重大项目和扶持政策。随着城南行动计划纵深推进，城南地区在城市建设、民生改善等领域发生了翻天覆地的变化。然而，2010—2020年期间，城南地区生产总值占全市地区生产总值的份额稳定在15%左右，对全市经济增长的贡献率在16%左右波动，2020年人均地区生产总值不及全市的三分之二，离首都发展新高地的目标还有一定的差距。要加快城南地区经济高质量发展，离不开创新链与产业链的双链融合发展。通过创新链与产业链的进一步融合，可以提高经济质量效益和核心竞争力，加快实现由要素驱动向依靠创新驱动的内涵型经济增长模式。

创新链与产业链的融合发展既可以推动前沿技术成果应用在城南地区轨道交通、航空航天、集成电路、生物医药等"高精尖"产业发展的各个环节，又可以通过技术扩散改造提升城南地区传统产业的科技含量，提高产业附加值，形成更具创新力的产业链。

第四节 促进生产性服务业高质量发展的建议

大力发展生产性服务业，可以驱动传统产业转型升级和提升制造业服务化水平，是北京参与国际价值链分工、提升制造业生产效率、推动产业高质量发展的必然选择。

一、推动生产性服务业的专业化与高端化发展，加快发展高能级创新型总部经济

为推动生产性服务业向专业化、高端化拓展，未来应以中关村国家自主创新示范区为核心，进一步壮大与发展科技服务业，促进产学研主体融合。将金融服务业纳入北京市"高精尖"产业体系中，更好地发挥金融业服务和支撑优势。在巩固北京新一代信息技术产业现有优势的基础上，进一步提升新一代信息技术产业的品质，提高产业总体技术水平和效率。引进更多优质总部经济，大力发展高能级创新型总部经济，增强全球营运网络地位和话语权，提升服务的质量与全球辐射力。

北京不仅是总部经济的始发地，也是全国唯一的既有国家服务业扩大开放综合示范区，又有自由贸易试验区的城市。2021年北京入围《财富》世界500强的企业数量达到57家，已连续9年位居全球城市榜首。然而北京总部企业以国内总部企业为主，跨国公司地区总部相对较少，2021年累计192家，远低于上海的827家。建议商务主管部门以北京商务中心区、金融街、北京城市副中心运河商务区和丽泽金融商务区等为主要空间载体，吸引更多的跨国公司投资总部、营销总部、采购总部、设计总部入驻，以提升对全球资源的配置能力。

二、提升生产性服务业集聚要素和对外辐射的核心能级功能，提升服务的质量与全球辐射力

一方面，北京生产性服务业的发展要适应制造业转型升级要求，满足高技术制造业对生产性服务中间投入需求的多样化和高端化，以提升服务功能的完备性和质量；另一方面，北京生产性服务业还承担着为其他城市提供服务外延的功能，应定位于发展成全球性、综合性的生产性服务中心和技术、资金、人才配给中心，重点发展研发设计、信息技术服务、检验检测认证、商务咨询、人力资源服务和品牌建设等科技含量高、服务范围广、带动作用强的生产性服务业，并融合其他多种生产性服务业业态，走多样化发展路径。

三、保持制造业的适度规模，为生产性服务业的高质量发展提供更大的本地市场规模

生产性服务业是随着制造业生产工序的专业化分工不断深化而从制造业中分离出来，并与制造业相互影响，共同发展。生产性服务业和制造业之间是供给者和需求者的关系。不同于制造业提供的产品是有形的且可以存储并进行远距离运输，大部分生产性服务企业提供的服务产品是无形的，不具有可存储性，由此大部分服务产品的交易具有"面对面"接触的需求。当生产性服务业与制造业之间的空间距离拉大时，便会提高交易成本和降低服务质量，进而阻碍生产性服务业效率的提升。因此，北京生产性服务业的高质量发展离不开本地制造业需求的支撑。

北京市制造业内部结构呈现一般制造业或高耗能行业逐步退出和"高精尖"

制造业比重不断上升的演变特征。未来，北京应保持制造业的合适规模。保持一定的制造业占比，一方面将有助于扩大生产性服务业的本地市场规模和提高品质，降低生产性服务业与制造业的交易成本，提升北京市生产性服务业效率，促进经济高质量增长；另一方面将有助于防范经济风险，有效减缓经济周期的波动性冲击，保持北京市经济社会平稳较快发展。纵观发达经济体进入后工业化时代后的产业变革路径，都曾经历服务业比重持续上升，制造业比重经历一段时间下降后保持均衡的过程，东京、伦敦、纽约等国际化大都市在服务业高度发达的背景下仍然高度重视制造业发展。建议工业主管部门向社会发布北京坚定不移发展高端制造业的信号，提振高端制造业在京投资的信心。借鉴广州经验，科学划定工业用地保护红线，适应工业4.0阶段对工业用地的新需求；研究制定制造业重大项目的三年落地计划，对重点产业园区的地均产值、高端制造业增加值占比等指标进行连续监测与评估，倒逼企业达产增效，提升产业发展质量。

第五节 本章小结

科学评估总规实施以来北京生产性服务业高质量发展的成效与问题，对于贯彻落实首都城市战略定位，支撑北京市经济转型升级，转变经济发展方式，推进集约减量发展，缓解人口资源环境矛盾等结构性问题具有重大意义。本章基于经济普查数据和统计年鉴数据，对北京市增长动能与效率水平的变化趋势进行了研判，并与上海、深圳等城市进行横向对比分析，继而揭示目前存在的突出问题，提出面向经济高质量发展的生产性服务业优化提升策略。主要研究结论如下：

（1）从三次产业部门来看，服务业对北京市经济增长的贡献率高于上海和深圳。从行业门类来看，信息和金融服务业是北京经济增长的主要动能，而商务服务业对经济增长的贡献明显偏弱。进一步从商务服务业内部来看，企业管理服务行业下滑趋势明显，空间布局上呈现从高效率地区向低效率地区转移的特征。

（2）在效率方面，减量发展背景下北京人均产值仍保持增长态势，与上海的差距逐渐扩大；从三次产业部门来看，北京市全员劳动生产率、第二产业和第三产业劳动生产率一直在上升，并且增速也呈现上升趋势，劳动生产率明显优于上海和深圳；从行业门类来看，金融服务和商务服务的品质和效率有待提升。

（3）随着一般制造业的逐步退出，顺义、昌平、大兴、房山、亦庄等"多点"地区正处于新旧动能的转换期，但高端生产性服务业对经济增长的支撑能力仍相对较差。城南地区创新结构与产业结构的匹配度不高，导致城南地区创新活动形成的创新链与产业链缺乏足够的衔接。

（4）未来北京需进一步推动生产性服务业的专业化与高端化发展，加快发展高能级创新型总部经济；提升生产性服务业集聚要素和对外辐射的核心能级功能，提升服务的质量与全球辐射力；保持制造业的适度规模，为生产性服务业的高质量发展提供更大的本地市场规模。

第七章

开发区政策对生产性服务业效率的影响

随着产业结构"退二进三"的演变和制造业转型升级对生产性服务业需求的上升,生产性服务业对开发区发展的影响势必日益加深。对开发区生产性服务业效率的讨论有助于全面评价开发区政策的经济绩效,深化对开发区政策的理解。本章基于"新"新经济地理理论,构建开发区影响生产性服务业效率的理论机制,继而利用145万余家生产性服务企业数据,综合运用工具变量法、"无条件分布特征-参数对应"和广义负二项回归等方法实证估计开发区生产性服务业效率优势的存在性及其来源,并分别从与制造业的产业关联和异质性企业选址的视角验证开发区集聚和选择效应的作用机制和贡献率。

第一节 问题的提出

作为中国最具有代表性的区位导向性产业政策,开发区设立的实质是政府通过税收优惠或者补贴等方式吸引企业在指定地理空间内集聚,产生外部经济,从而创造更多的就业机会和经济产出。关于开发区政策的有效性并没有一致的结论,部分学者持怀疑态度,认为部分企业和劳动力入驻开发区仅仅是为了获取开发区优惠政策带来的利益,并没有实质性地给当地发展带来福利,甚至于会对周边企业效率和存活期限产生挤出效应[1][2][3]。但大部分研究仍支持经济开发区对经济发展具有促进效应的观点。《中国开发区审核公告目录》中的1568家省级及以上开发区分布在270多个地级及以上城市，占比面积虽然仅占全国土地面积的0.1%，却贡献了大约10%的GDP和1/3的FDI。[4] 除了地均产出远高于非开发区外，部分实证研究得出中国开发区的设立促进了企业全要素生产率的提高[5][6][7]，集聚效应和选择效应是开发区效率优势的来源[8]。然而已有相关文献均集中讨论制造业，以制造业企业的效率表征开发区效率水平，对开发区生产性服务业却鲜有涉及。本书基于中国经济普查数据和国家统计局2015年发布的《生产性服务业分类》识别了开发区生产性服务企业，在剔除异常值后得出开发区的科技、信息、商务、运输、批发等生产性服务企业有98万余家，占开发区企业的50.4%，主营业务收入和从业人员的占比分别达到30.7%和30.0%。随着产业结构"退二进三"的演变，生产性服务业对于开发区发展的影响势必日益加深，对开发区企业效率的探讨离不开生产性服务业。

随着产业分工专业化程度的提高，生产性服务业逐渐从制造业中分离出来，并在基于价值链不同环节、工序、模块的新型产业分工体系中处于价值链高端，成为各个国家和地区经济增长的主要推动力和重点发展方向。中国的生产性服务业水平虽然落后于发达国家，但在经济发展中的地位正不断提升，2020年生

---

[1] GLAESER E L, ROSENTHAL S S, STRANGE W C. Urban economics and entrepreneurship [J]. Journal of Urban Economics, 2010, 67: 1-14.

[2] HANSON A, ROHLIN S. Do spatially targeted redevelopment programs spill over? [J]. Regional Science and Urban Economics, 2013, 43: 86-100.

[3] 包群, 唐诗. 开发区建设与周边地区的企业成长: 窗口辐射还是挤出效应 [J]. 产业经济研究, 2016 (5): 26-36, 99.

[4] ZHENG S Q, SUN W Z, WU J F, et al. The birth of edge cities in China: measuring the effects of industrial parks policy [J]. Journal of Urban Economics, 2017, 100: 80-103.

[5] WANG J. The economic impact of special economic zones: evidence from Chinese municipalities [J]. Journal of Development Economics, 2013, 101: 133-147.

[6] ALDER S, SHAO L, ZILIBOTTI F. The effect of economic reform and industrial policy in a panel of Chinese cities [R]. Working paper, 2013.

[7] 林毅夫, 向为, 余淼杰. 区域型产业政策与企业生产率 [J]. 经济学（季刊）, 2018, 17 (2): 781-800.

[8] 王永进, 张国峰. 开发区生产率优势的来源: 集聚效应还是选择效应? [J]. 经济研究, 2016 (7): 58-71.

产性服务业增加值占服务业和GDP的比重分别达到57.1%和31.1%。第二次经济普查数据显示开发区生产性服务企业数量占全国生产性服务企业的66.2%，主营业务收入和从业人员数的占比也分别达到了67.6%和22.4%。由此可见，开发区是中国生产性服务业集聚的主要空间载体，对开发区生产性服务业效率的探讨可以为推动中国生产性服务业的快速发展提供决策参考。

理论上，在新经济地理学（New Economic Geography，简称"NEG"）和"新"新经济地理学（New New Economic Geography，简称"NNEG"）的理论框架下，开发区的设立会打破原有的城市产业空间结构，系统会在集聚效应和选择效应的共同作用下重新达到新的稳定均衡的空间结构。相对于非开发区，开发区对入驻企业效率水平的影响主要有两方面：

一个是基于NEG理论的集聚效应。开发区引致大量企业在空间上集聚，形成市场潜能高的产业集聚区，NEG模型证实了市场潜能高的地区具有效率优势，且将这种优势的来源普遍归结为集聚经济效应。同类产业集聚产生马歇尔外部性，通过中间投入品共享、劳动力市场蓄水池和知识溢出机制带来效率的提高，多样化产业产生的雅各布斯外部性也会通过知识溢出促进创新，进而提升效率。[1] 这两种类型的集聚经济均会使企业效率水平获得普遍性的提升，表现为集聚区企业效率分布曲线呈现整体右移的特征。在实证研究方面，相关研究指出由于马歇尔外部性和雅各布斯外部性的存在，集聚经济会使企业效率水平获得普遍性的提升。[2][3][4] 不同于大市场区企业集聚带来的效率优势，开发区是通过政府提供一系列优惠政策等"政策租"形成的企业集聚[5]，并非市场力量自发作用的结果（邻近市场或者供给），不是一般意义上的产业集聚效应。

---

[1] JACOB J. The Economy of Cities [M]. New York: Vintage, 1969.
[2] MELO P C, GRAHAM D J, NOLAND R B. A meta-analysis of estimates of urban agglomeration economies [J]. Regional Science and Urban Economics, 2009, 39: 332-342.
[3] COMBES P P, DURANTON G, GOBILLON L, et al. The productivity advantages of large cities: distinguishing agglomeration from firm selection [J]. Econometrica, 2012, 80 (6): 2543-2594.
[4] 孙浦阳，韩帅，许启钦. 产业集聚对劳动生产率的动态影响 [J]. 世界经济, 2013, 36 (3): 33-53.
[5] 郑江淮，高彦彦，胡小文. 企业"扎堆"、技术升级与经济绩效：开发区集聚效应的实证分析 [J]. 经济研究, 2008 (5): 33-46.

另一个则是基于 NNEG 的选择效应。在 NEG 理论基础上纳入微观主体异质性之后，NNEG 理论提出地区间效率差异还来源于异质性企业的空间选择效应，其作用形式在不同的模型框架下呈现出截然不同的特征。R. E. 鲍德温和 T. 大久保的理论模型提出集聚区企业间竞争程度更加激烈，优胜劣汰的市场机制更容易使低效率企业退出市场，只有高效率的企业才能在大市场区生存。选择效应提高了大市场区内高效率企业的比例，并降低了低效率企业的比例，忽略选择效应的存在会高估集聚效应对集聚区效率的促进作用。然而，T. 大久保[1]认为 R. E. 鲍德温和自己[2]的模型限制了劳动力的流动，前后向关联效应等特征也无法体现，他将企业异质性引入自由企业家模型，提出了"空间逆选择效应"，认为高效率企业会导致更严重的竞争进而对集聚望而却步，而低效率企业在区位选择上更为灵活。对于开发区生产性服务业而言，本研究认为选择效应的作用机制包括市场的"竞争效应"（优胜劣汰作用下低效率企业的退出）和异质性企业的"选址效应"（进入门槛高低对低效率企业进入比例的影响）。一方面，开发区制造业集聚带来的生产性服务业市场规模扩大，将加剧市场竞争，并在开发区商服用地供应紧张和制造业发展对生产性服务业需求上升的共同作用下抬高了商服用地价格，进而在优胜劣汰的市场机制下促进开发区高效率企业比例的提高；另一方面，开发区"政策优惠"的存在将降低企业进入门槛，提高低效率生产性服务企业的进入概率，抑制开发区生产性服务业效率的提高。两者共同决定了选择效应对开发区生产性服务业效率水平的影响。

实证研究方面，P. P. 库姆斯等[3]首先采用无条件分布特征-参数对应分析方法，通过测度不同地区企业效率分布的右移和左断尾对集聚效应和选择效应进行了识别。此后，大量学者基于此方法对不同地区不同行业选择效应的存在

---

[1] OKUBO T. Firm Heterogeneity and Location Choice [R]. Working Paper, 2010.
[2] BALDWIN R E, OKUBO T. Agglomeration, offshoring and heterogenous firms [R]. Social Science Electronic Publishing, 2006.
[3] COMBES P P, DURANTON G, GOBILLON L, et al. The productivity advantages of large cities: distinguishing agglomeration from firm selection [J]. Econometrica, 2012, 80 (6): 2543-2594.

性进行了实证检验,结论不尽相同。①② 基于中国企业数据,大量国内学者也对此展开了广泛讨论。从研究对象上看,大部分学者围绕中国大城市、集群县市、大市场地区效率优势来源的选择效应机制进行了证实③④⑤,仅有王永进和张国峰⑥讨论了开发区的效率优势来源,研究发现集聚效应与选择效应都显著提高了开发区的效率水平,但主要来源于集聚效应。从研究尺度上看,与 P. P. 库姆斯等研究中的全行业口径不同,目前国内学者多采用中国工业企业数据库的制造业数据进行分析,所得结论也仅仅能够反映中国集聚区制造业企业效率优势的来源,尚未有研究针对服务业进行实证分析。从研究结论来看,并非所有文献均支持选择效应的机制,部分文献通过实证研究表明选择效应并不存在或作用微弱。⑦ 在考虑"政策租"机制后,林毅夫等⑧进一步通过研究发现经济开发区内企业的"生产率溢价"并非由政府挑选高效率企业所致,经济开发区主要通过提供更好的政策环境(更低税收)提升企业效率。因此,当前关于选择效应存在与否尚无一致性结论,亟待进一步研究。

本章致力于识别开发区生产性服务业是否存在效率优势,如存在,优势来源于集聚效应还是选择效应,并进一步探究集聚效应与选择效应的作用机制。相比于已有文献,本章可能的扩展和创新之处在于:

第一,本研究可能是国内首篇系统探究集聚效应与选择效应对开发区生产

---

① GAUBERT C. Firm sorting and agglomeration [J]. American Economic Review, 2018, 108 (11): 3117-3153.
② BEHRENS K, DURANTON G, ROBERT-NICOUD F. Productive cities: sorting, selection, and agglomeration [J]. Journal of Political Economy, 2014, 122 (3): 507-553.
③ 张国峰,李强,王永进. 大城市生产率优势:集聚、选择还是群分效应 [J]. 世界经济, 2017 (8): 167-192.
④ 刘海洋,刘玉海,袁鹏. 集群地区生产率优势的来源识别:集聚效应抑或选择效应? [J]. 经济学(季刊), 2015, 14 (3): 1073-1092.
⑤ 李晓萍,李平,吕大国,等. 经济集聚、选择效应与企业生产率 [J]. 管理世界, 2015 (4): 25-37, 51.
⑥ 王永进,张国峰. 开发区生产率优势的来源:集聚效应还是选择效应? [J]. 经济研究, 2016 (7): 58-71.
⑦ 余壮雄,杨扬. 大城市的生产率优势:集聚与选择 [J]. 世界经济, 2014 (10): 31-51.
⑧ 林毅夫,向为,余淼杰. 区域型产业政策与企业生产率 [J]. 经济学(季刊), 2018, 17 (2): 781-800.

性服务业效率影响的文献。目前识别集聚效应和选择效应的研究大多基于"无条件分布特征-参数对应"方法展开，该估计方法虽然不依赖于其他控制变量，可以避免遗漏变量带来的估计偏误，但无法识别出开发区生产性服务业的效率优势是由开发区设立带来的，还是在开发区设立之前该地区的企业效率已经较高。故本研究在引用该方法识别开发区生产性服务业效率优势及其来源之前，利用工具变量法实证检验了开发区设立对生产性服务业效率的影响，更好地克服了开发区选址内生性带来的估计偏误，提高了回归结果的精确度。

第二，本研究分别从与制造业产业关联和异质性企业选址的视角提出了验证开发区集聚效应和选择效应作用机制的实证方法。一方面，基于生产性服务业与制造业之间的产业关联，识别了开发区生产性服务业集聚效应的强弱与本地制造业规模正相关，且当生产性服务行业与开发区主导制造行业关联度较高时，得到的集聚效应更强；另一方面，从异质性生产性服务企业选址的角度得出，选择效应的作用机制体现在开发区较高的商服用地价格提高了企业的进入门槛，进而提高了高效率企业的比例，而较低的税收水平则吸引了较高比例的高效率企业入驻，两者的综合效应抑制了生产性服务业效率的提高。

第三，本研究拓宽了国内关于生产性服务业的研究尺度，利用全国第二次经济普查的145万余家生产性服务企业数据，实证估计了开发区生产性服务业的效率优势问题。目前国内关于生产性服务业的讨论几乎都集中在行业层面，缺乏企业层面的探讨；从空间尺度上多是从省域、都市圈、地级城市或者单个城市内部展开[1][2][3]，缺乏从企业层面这一微观单元的讨论。另外，不同于制造企业往往需要较大面积的土地，一旦投产企业迁移的沉没成本较高，生产性服务业企业大多占地面积较小，区位选址更为灵活，对优惠政策追逐比较明显。因此，即便是目前对于制造业集聚效应的研究较为充实，也并不意味着现有结论可以照搬到生产性服务业上，否则可能带来政策上的误导。本研究可以为开

---

[1] 席强敏，李国平. 京津冀生产性服务业空间分工特征及溢出效应[J]. 地理学报，2015，70（12）：1926-1938.

[2] 刘奕，夏杰长，李垚. 生产性服务业集聚与制造业升级[J]. 中国工业经济，2017（7）：24-42.

[3] 邱灵，申玉铭，任旺兵. 北京生产性服务业与制造业的关联及空间分布[J]. 地理学报，2008，63（12）：1299-1310.

发区生产性服务业的政策制定提供微观层面的证据。

后续部分安排如下：第二节提出本研究的政策背景与理论框架；第三节介绍数据处理过程与构建计量模型；第四节实证检验开发区生产性服务业优势的存在性及其来源；第五节进一步识别了集聚效应和选择效应对开发区生产性服务企业效率的作用机制；第六节简要总结并提出启示。

第二节 政策背景与理论假说

一、政策背景

1984年设立首个开发区以来，截至2018年，中国共设立了552家国家级开发区和1991家省级开发区。经过30多年的发展，中国开发区在吸引外商投资、促进现代制造业发展、改善投资环境等方面发挥了积极的辐射带动作用。与此同时，为推动制造业和生产性服务业融合发展和促进产业结构升级，开发区在以发展现代制造业为主的同时也在致力于发展生产性服务业。2005年3月国务院出台的《关于促进国家级经济技术开发区进一步提高发展水平若干意见》（国办发〔2005〕15号）中将"成为现代服务业的聚集区"列入了国家级开发区的发展目标，鼓励跨国公司在国家级经济技术开发区设立研发中心、财务中心、技术服务中心、培训中心、采购中心、物流中心、运营中心等生产性服务项目，2014年和2017年国务院出台的关于国家级开发区创新发展文件中均重点指出了生产性服务业对开发区高质量发展的重要性。

在中央政府提供给开发区的税收优惠、财政补贴、信贷便利、土地转让优惠、行政审批便捷等一系列优惠政策中，也涉及了生产性服务行业。例如，在土地供应方面，国家政策要求提高生产性服务业用地比例，并允许利用存量工业房产发展生产性服务业，5年内继续按原用途和土地权利类型使用土地，5年期满或涉及转让需办理相关用地手续的，可按新用途、新权利类型、市场价，以协议方式办理①；在财税政策方面，国家级开发区内为中小企业创业、自主创新提供技术服务的孵化器，以及为服务外包、物联网企业提供技术服务的公共基础设施项目，可申请中央财政贴息及各类税收减免政策。② 除了国家的政策支持以外，各开发区为了吸引生产性服务业入驻，也会针对性地给予优惠政策（见表7-1）。例如，北京经济技术开发区对跨国公司总部、地区总部，以及研发中心、营销中心、结算中心、物流中心等生产性服务业企业自注册之日起5年内，给予企业缴纳所得税额的40%的资金扶持；南京海峡两岸科技工业园对经国家、省级主管部门认定并承诺其研究成果优先在园区转化的研发机构，分别给予150万元、50万元一次性奖励等。

表7-1 中国各类开发区针对生产性服务业的优惠政策案例

名称	类别	政策（节选）
北京经济技术开发区	经济技术开发区（国家级）	跨国公司总部、地区总部，公司集团总部，以及研发中心、营销中心、结算中心、物流中心等生产性服务业企业自注册之日起五年内，可参照企业缴纳所得税额的40%（金额）申请资金扶持
石家庄高新技术产业开发区	高新技术产业开发区（国家级）	对首次通过高企认定的企业，一次性给予30万元补助，对首次认定的国家级科技型中小企业给予3万元补助，省级科技型中小企业给予10000元补助
天津保税物流园区	海关特殊监管区域（国家级）	在给予航空货运吞吐量配套补贴方面，根据企业实现航空货运吞吐量，最高补贴额度可达到市级补贴的50%

---

① 参见《国务院办公厅关于促进开发区改革和创新发展的若干意见》（国办发〔2017〕7号）。
② 参见财政部《国家级经济技术开发区 国家级边境经济合作区基础设施项目贷款中央财政贴息资金管理办法》（财建〔2012〕94号）。

续表

名称	类别	政策（节选）
丹东边境经济合作区	边境/跨境经济合作区（国家级）	对新获批的限上商贸企业，一次性奖励3万元；对新获批的限上个体工商户，一次性奖励1万元
南京海峡两岸科技工业园	其他类型开发区（国家级）	支持园区内企业设立国家级、省级重点实验室、工程（技术）研究中心、企业技术中心等研发机构，对经国家、省级主管部门认定并承诺其研究成果优先在园区转化的研发机构，分别给予150万元、50万元一次性奖励

资料来源：作者根据各开发区网站资料整理。

二、理论假说

相较于传统的中心-外围模型（CP）以及自由资本模型（FC），自由企业家模型（FE）能够同时考虑需求关联效应和成本关联效应，与现实情况更为吻合。故本研究借鉴T.大久保的FE模型[①]，构建考虑企业异质性的自由企业家模型（HFE），对开发区政策影响下不同效率企业空间选址模式进行分析。

初始假设条件与经典FE模型一致，具体如下：①城市内存在两地区，分别为开发区与非开发区，非开发区变量添加"＊"标记；②存在农业部门A与生产性服务业部门S；③存在人力资本K，劳动力L两种投入要素，劳动力在区域间不流动，人力资本具有流动性，并且由人力资本实际收入的空间差异所决定；④区域间存在冰山交易成本 τ，$\tau>1$；⑤定义两个市场总的要素资源为 L^w+K^w，并且令 $K^w=1$；$L^w=\beta$。每个地区消费者的总体效用函数与子效用函数为：

$$U=\mu\ln C_S+C_A \quad C_S\equiv(\int_{i\in\Theta}c_i^{1-1/\sigma}di)^{1/(1-1/\sigma)}, \quad 0<\mu<1<\sigma \qquad 式（7-1）$$

其中，C_S是具有异质性的生产性服务产品消费量，C_A是同质性农业品消费量，μ是生产性服务产品消费占总消费比重，Θ是两地区生产性服务产品的总数，σ是任意两类生产性服务产品之间的不变替代弹性。农产品市场具有完全

---

① OKUBO T. Firm Heterogeneity and Location Choice [R]. Working Paper, 2010.

第七章 开发区政策对生产性服务业效率的影响

竞争、规模报酬不变的特征,而生产性服务产品市场是垄断竞争、规模报酬递增的。

假定生产性服务企业具有异质性,因为一个企业家具有一个人力资本,所以企业异质性来源于单位产出劳动力的投入,通常认为低效率企业获取单位产出需要更多的劳动力投入,具有较高的边际成本,将其定义为 L 类型企业;相反地,高效率企业边际成本更低,定义为 H 型企业。那么开发区企业 j 的成本函数为 $\pi_j + a_j w x_j$, $1 \geq \varphi \equiv \tau^{1-\sigma} \geq 0$,其中,$\pi_j$ 是人力资本报酬作为固定成本,$a_j w x_j$ 为可变成本,x_j 是企业产出量,a_j 则表示单位产出劳动力投入系数,则有 $a_L > a_H$,w 是劳动力工资,φ 表示地区间贸易自由度。

初始状态下,两地区是对称分布的,则两地区拥有相同比例的 L 类型企业和 H 类型企业,用 α 和 $(1-\alpha)$ 分别表示 L 企业和 H 企业在某个地区所占比重,α 是内生给定的,并假定 $\alpha/(1-\alpha) < a_L/a_H$,即地区企业异质性来源于劳动力投入系数的异质性。根据子效用最大化的一阶条件,得出 i 类型生产性服务业产品的消费量:$c_i = \mu E(p_i^{-\sigma}/p_S^{1-\sigma})$,其中 E 是开发区的总支出,也是总收入(因为垄断竞争均衡下企业利润为 0,所以 E 只包括要素收入)。假定 $w = w^* = 1$,企业根据边际成本加成定价法定价,由于跨地区交易存在冰山成本,开发区产品在非开发区销售价格和在本地出售价格之比为 τ,可以求出两地区两种类型企业的产品价格水平:

$$p_H = \frac{a_H}{1-1/\sigma}; \quad p_L = \frac{a_L}{1-1/\sigma}; \quad p_H^* = \frac{\tau a_H}{1-1/\sigma}; \quad p_L^* = \frac{\tau a_L}{1-1/\sigma} \qquad 式(7-2)$$

由价格指数计算公式 $p_S = (\int_{i \in \Theta} p_i^{1-\sigma})^{1/(1-\sigma)}$,进一步可以计算出非开发区和开发区的产品价格指数水平:

$$P = \left(\frac{\alpha n_L a_L^{1-\sigma} + \alpha(1-n_L) \varphi a_L^{1-\sigma} + (1-\alpha) n_H a_H^{1-\sigma} + (1-\alpha)(1-n_H) \varphi a_H^{1-\sigma}}{(1-1/\sigma)^{1-\sigma}} \right)^{\mu/(1-\sigma)}$$

$$P^* = \left(\frac{\alpha n_L \varphi a_L^{1-\sigma} + \alpha(1-n_L) a_L^{1-\sigma} + (1-\alpha) n_H \varphi a_H^{1-\sigma} + (1-\alpha)(1-n_H) a_H^{1-\sigma}}{(1-1/\sigma)^{1-\sigma}} \right)^{\mu/(1-\sigma)}$$

式(7-3)

其中,n_L、$(1-n_L)$ 分别表示开发区和非开发区低效率企业占比;n_H、$(1-n_H)$ 则分别表示两地区高效率企业占比,并且初始条件下 $n_L = n_H = 1/2$,开发区两类企业利润函数分别为：$\pi(a_L) = \gamma B a_L^{1-\sigma}$，$\pi(a_H) = \gamma B a_H^{1-\sigma}$。

其中，$B \equiv ((E/\Delta) + \varphi(E^*/\Delta^*))$ 表示开发区市场潜能①，$\gamma \equiv \mu/\sigma$。相应可以求解出开发区企业间接效用函数为：

$$V_L = \mu(\ln\mu - 1) + \gamma B a_L^{1-\sigma} - \frac{\mu}{1-\sigma}\ln\Delta - \mu\ln\left(1 - \frac{1}{\sigma}\right)$$

$$V_H = \mu(\ln\mu - 1) + \gamma B a_H^{1-\sigma} - \frac{\mu}{1-\sigma}\ln\Delta - \mu\ln\left(1 - \frac{1}{\sigma}\right) \quad 式（7-4）$$

由式（7-4）以及各参数的含义可知，企业的实际资本回报取决于市场潜能 B 以及企业效率水平。长期来看，企业家在区域内是可以自由流动的，从而会改变区域内企业分布状况。由于假设从没有企业迁移开始，也就是说可以把要考察的第一个迁移企业的人力资本实际收益变化近似地认为等于非开发区的企业和开发区的企业的资本收益差额。我们通过分析两地区人力资本实际回报差 $V-V^*$，剖析不同类型企业的空间集聚模式。基于式（7-4），可以求出高效率企业和低效率企业在开发区生产所面临的企业实际报酬差异如式（7-5）所示。

$$V_L - V_L^* = \gamma(1-\varphi)\left(\frac{E}{\Delta} - \frac{E^*}{\Delta^*}\right) a_L^{1-\sigma} - \frac{\mu}{1-\sigma}(\ln\Delta - \ln\Delta^*)$$

$$V_H - V_H^* = \gamma(1-\varphi)\left(\frac{E}{\Delta} - \frac{E^*}{\Delta^*}\right) a_H^{1-\sigma} - \frac{\mu}{1-\sigma}(\ln\Delta - \ln\Delta^*) \quad 式（7-5）$$

企业实际资本回报差异由两部分组成：第一部分是名义利润差，由市场潜能和企业效率决定；第二部分是由于价格指数差异所带来的价格指数效应，可以视为企业大量集聚所带来的负外部性。初始假定下，两地区完全对称，不存在实际报酬差异，两地区企业不具有迁移的动机。当企业分布改变使得企业迁移价值变大时，两地区企业分布是不稳定的；反之，若所有企业迁移价值变小，则会维持稳定的企业分布状态。通过求解非开发区两类企业各自迁移价值对 n_L、n_H 偏导数，解出贸易自由度临界值，从而获取两类企业各自的突破点，如式（7-6）所示：

---

① 其中，$\Delta = (\alpha n_L \alpha_L^{1-\sigma} + \alpha(1-n_L)\varphi\alpha_L^{1-\sigma} + (1-\alpha)n_H\alpha_H^{1-\sigma} + (1-\alpha)(1-n_H)\varphi\alpha_H^{1-\sigma})$，$\Delta^* = (\alpha n_L \varphi\alpha_L^{1-\sigma} + \alpha(1-n_L)\alpha_L^{1-\sigma} + (1-\alpha)n_H\varphi\alpha_H^{1-\sigma} + (1-\alpha)(1-n_H)\alpha_H^{1-\sigma})$。

$$\varphi_L^B = \frac{(\sigma-1)(1+\beta)a_L^{1-\sigma}-(2\sigma-1)(\alpha a_H^{1-\sigma}+(1-\alpha)a_L^{1-\sigma})}{(\sigma-1)(1+\beta)a_L^{1-\sigma}+(2\sigma-1)(\alpha a_H^{1-\sigma}+(1-\alpha)a_L^{1-\sigma})}$$

$$\varphi_H^B = \frac{(\sigma-1)(1+\beta)a_H^{1-\sigma}-(2\sigma-1)(\alpha a_H^{1-\sigma}+(1-\alpha)a_L^{1-\sigma})}{(\sigma-1)(1+\beta)a_H^{1-\sigma}+(2\sigma-1)(\alpha a_H^{1-\sigma}+(1-\alpha)a_L^{1-\sigma})} \quad 式（7-6）$$

由式（7-6），可知：

$$\varphi_L^B - \varphi_H^B =$$

$$\frac{2(2\sigma-1)(\sigma-1)(1+\beta)(a_L^{1-\sigma}-a_H^{1-\sigma})\Lambda}{\{(\sigma-1)(1+\beta)a_L^{1-\sigma}+(2\sigma-1)\Lambda\}\{(\sigma-1)(1+\beta)a_H^{1-\sigma}+(2\sigma-1)\Lambda\}} \quad 式（7-7）$$

其中，$\Lambda = (\alpha a_L^{1-\sigma}+(1-\alpha)a_H^{1-\sigma})$，因为 $a_L^{1-\sigma} < a_H^{1-\sigma}$，所以 $\varphi_L^B - \varphi_H^B < 0$，低效率企业突破点小于高效率企业，即 φ_L^B 是整个对称系统的突破点。当企业异质性增强时，$a_L^{1-\sigma} - a_H^{1-\sigma}$ 更小，此时高效率企业与低效率企业突破点差异更大，从而整个系统的突破点会随着企业异质性增强而不断变小。由此，本书提出推论1：

推论1：当发生政策冲击时，低效率企业相对于高效率企业布局更加灵活，并且随着企业异质性程度不断增强，低效率企业更容易重新进行区位选址。

在长期均衡过程中，考虑贸易自由度大于突破点所产生的循环累积因果关系。由推论1可知，低效企业会率先在贸易自由度达到突破点时集聚，随着集聚区企业迁移数量增加，集聚区市场份额变大，由此产生了需求关联效应。另外，由于低效企业向集聚区迁移，开发区价格指数会降低，产生了成本关联效应，进而吸引更多企业向开发区集聚，区内企业竞争加剧，形成市场拥挤效应。

首先，考虑开发区主导制造业类型对生产性服务业企业布局模式的影响。作为制造业的中间投入，生产性服务业不能脱离制造业而独立发展，生产性服务业与制造业之间存在着强烈的需求关联[1]，即制造业为生产性服务业提供了市场。当某开发区主导产业中制造业类型与该开发区生产性服务业类型产业关联度越强，则生产性服务业在该地区具有更大的市场规模。结合式（7-4）、式（7-5）可知，若开发区的制造业与生产性服务业产业关联越强，则 E/Δ 越大，从而 $V-V^*$ 越大，具有市场接近效应，企业更愿意在开发区布局。由此本研究提

---

[1] 陈建军，陈菁菁．生产性服务业与制造业的协同定位研究：以浙江省69个城市和地区为例［J］．中国工业经济，2011（6）：141-150．

出推论2：

推论2：开发区主导制造业与生产性服务业产业关联度越强，开发区集聚效应越强。

与一般意义的大市场区、中心地区不同，开发区是政策引导下所形成的集聚区，故应考虑开发区优惠政策所带来的企业布局变化。开发区针对生产性服务企业的政策主要分为商服用地的土地供应政策和针对企业经营的税收优惠政策。

(1) 土地供应政策：假定地方政府在实施特定的土地供应政策下开发区商服用地价格水平为L，即生产性服务业企业进驻该开发区所需要支付的固定成本，则开发区与非开发区的实际资本回报差额为：

$$V-V^* = \gamma(1-\varphi)\left(\frac{E}{\Delta}-\frac{E^*}{\Delta^*}\right)a^{1-\sigma}-\frac{\mu}{1-\sigma}(\ln\Delta-\ln\Delta^*)-L \qquad 式（7-8）$$

企业迁移价值同时受 φ、a、L 影响，$V-V^*$ 随 a 的增加而减小，L 作为企业进驻成本发挥着重要的选择效应。随着开发区商服用地供应的日趋紧张和制造业发展对生产性服务业的需求不断上升，"招拍挂"机制下产生的商服用地价格 L 不断增加时，两地间迁移价值越来越小，抬升了向开发区布局的企业效率门槛，即会有更少的低效企业在开发区布局。

(2) 税收优惠政策：实施税率优惠或者加成补贴等补贴方式也是开发区吸引企业重要政策优惠方式。假设对开发区企业提供利润加成补贴t，则企业迁移价值为：

$$V-V^* = \gamma\left[(1-\varphi-\varphi t)\frac{E}{\Delta}+(\varphi-1-t)\frac{E^*}{\Delta^*}\right]a^{1-\sigma}-\frac{\mu}{1-\sigma}(\ln\Delta-\ln\Delta^*) \qquad 式（7-9）$$

当加成率t较小时，企业迁移价值变大，能够减弱负外部性的影响，随着t不断增加，在开发区布局企业的效率门槛不断降低，同样会有更多的低效率企业在开发区布局。当前，产品的不变替代弹性是外生给定的，较之制造业产品，生产性服务业产品拥有更强的异质性水平，即拥有更大的 σ，企业迁移价值随 a 的增加而减少的幅度更大，即选择在开发区布局的生产性服务业企业效率水平更低，开发区补贴政策的效应更加明显。

根据开发区政策对不同效率企业的影响结果，本研究得出推论3：

推论3：高、低效率企业在开发区的分布受开发区政策的影响，开发区土地供应政策由市场化机制决定的土地价格水平发挥选择效应，当开发区较之非开发区土地价格水平更高时，低效率企业在开发区分布数量将会更低；税收优惠政策则相反，当开发区针对企业实施税收优惠政策时，低效率企业更容易在开发区布局生产，并且随着优惠力度不断变大，向开发区集聚的低效率企业会更多，进而抑制企业效率提升。

综上，基于HFE模型对开发区与非开发区异质性企业迁移机制的分析，开发区生产性服务业效率水平是集聚效应与选择效应的综合作用结果，但是仍然需要进一步定量分析两种机制的作用路径与大小，从而准确识别中国开发区生产性服务业效率提升的关键来源。为此，下文将利用企业层面数据实证检验中国开发区生产性服务业效率来源及其作用机制。

第三节 数据说明与描述性统计

一、数据说明

1. 数据来源与异常值处理

本研究数据主要来源于中国第二次经济普查的企业数据，这次经济普查的对象是中国境内从事第二产业和第三产业的全部法人单位、产业活动单位和个体经营户，是目前所能获得的官方发布的最为全面的生产性服务业数据库。国家统计局—清华大学数据开发中心虽然公布了第三次全国经济普查微观数据，但该数据库是对第三次全国经济普查的全部企业法人单位按照10%比例的抽样数据，且该数据库仅提供企业的2位省区代码和2位行业代码，不能识别本研究主要关注的企业是否属于开发区和是否属于生产性服务业等关键变量，故无法满足本研究需求。

第二次经济普查数据库包含了丰富的企业信息，但仍存在部分数据信息缺失和错误的问题。为提高估计的准确性，参照陈艳莹和鲍宗客[①]的处理方法，先对样本进行了如下处理：①删除统计逻辑上明显错误的样本，如企业总营业收入、主营业务收入为负、从业人数为负的样本；②删除折旧为负的样本以及折旧大于固定资产原价的样本；③删除非正常营业状态的样本。

2. 行业范围界定

2015年国家统计局发布了《生产性服务业分类》标准，界定了生产性服务业的统计范围和分类。该分类包括为生产活动提供的研发设计与其他技术服务（简称"研发技术服务"）、货物运输仓储和邮政快递服务（简称"物流服务"）、信息服务、金融服务、节能与环保服务、生产性租赁服务、商务服务、人力资源管理与培训服务（简称"人力资源服务"）、批发经纪代理服务、生产性支持服务等10个大类，34个中类，196个小类。由于2011年行业代码调整，本研究将《生产性服务业分类》中的行业4位代码调整至2002年标准[②]，进而从第二次经济普查数据中分类统计生产性服务业企业数据。

3. 开发区企业识别

根据《中国开发区审核公告目录（2006年版）》，提取2006年已设立的开发区管委会的经纬度坐标，从而确定开发区所在区县。使用开发区行政区划代码与第二次经济普查企业行政区划代码进行匹配，若企业所处区县建有开发区，则将该企业识别为开发区企业，否则为非开发区企业。经过异常值处理后的第二次经济普查数据中共有1481089家生产性服务企业。其中，开发区企业980208家，非开发区企业500881家。

---

① 陈艳莹，鲍宗客. 行业效应还是企业效应？：中国生产性服务企业利润率差异来源分解[J]. 管理世界，2013（10）：81-94.

② 调整过程中存在行业分类难以明确划分的情况，比如，气象服务行业在《生产性服务业分类》中仅包含用于生产活动的气象服务业，但在国民经济行业分类中并未明确划定，且涉及行业较少。针对此类情况，本书将4位代码的对应行业（如气象服务行业）全部纳入样本范畴；也存在国民行业分类中某一细分行业的不同部分在《生产性服务业分类》中同时分属不同部门的情况，在后续对生产性服务业进行分行业考察时，本书将此类型的4位代码行业同时计入其所属的不同大类。

二、描述性统计

经济普查数据为截面数据，没有中间投入指标，也无法识别企业进入退出状态，不能使用常用的 OP 和 LP 方法估计企业全要素生产率，因此借鉴李磊等的研究[1]，基准估计中使用生产函数法计算企业效率 TFP，其中需要使用企业产出、资本与劳动力存量，由于第二次经济普查数据中并未提供资本存量，使用企业的固定资产原价扣除折旧近似替代，企业产出和劳动力存量用总营业收入和从业人员数衡量。每家企业面临的约束条件不同，进而采用的生产技术都有差异，很难用统一的生产函数来刻画企业的生产行为[2]。因此，为尽可能真实反映企业的技术水平，应假设同行业企业的生产模式较为相似，分行业计算资本和劳动系数，同样地，本研究在估算企业 TFP 时还控制了省份差异，用于基准估计。

此外，为提高估计结果稳健性，本研究同时使用了其他方法估算了生产性服务企业的效率水平，包括全样本和分行业样本估计的企业全要素生产率，将营业收入替换为主营业务收入估计的企业全要素生产率，以及企业人均营业收入（企业总营业收入与从业人员数之比）来衡量的劳均生产率。[3] 表 7-2 给出了开发区与非开发区企业效率的描述性统计。可以看出，开发区企业样本的效率均值更大，标准差更小，这意味着，总体上，开发区企业拥有相对较高的效率平均水平及相对集中的效率分布。使用上述方法计算的企业效率，分别以总营业收入占比作为权重计算区县平均效率。开发区区县与非开发区区县的描述性统计见表 7-3，开发区区县数量较少却拥有较多的企业，这意味着大量生产性服务业企业向开发区集聚，且平均效率水平明显高于非开发区区县。

---

[1] 李磊，蒋殿春，王小霞. 企业异质性与中国服务业对外直接投资 [J]. 世界经济，2017，40（11）：47-72.

[2] 杨汝岱. 中国制造业企业全要素生产率研究 [J]. 经济研究，2015（2）：61-74.

[3] 根据葛顺奇和罗伟（2013）的研究，由于人均营业收入取决于资产多寡，不能将人均营业收入等同于生产效率。但在控制资本密集度的情况下，人均营业收入和生产效率具有严格的正向关系。

表7-2 开发区与非开发区企业效率描述性统计

效率	企业类型	样本量	平均值	标准差	最小值	最大值
省-行业 TFP tfp0	开发区	967,922	3.894	1.712	−10.698	14.051
	非开发区	498,190	3.815	1.742	−10.856	12.456
全口径 TFP tfp1	开发区	967,124	4.183	1.656	−9.6851	14.348
	非开发区	498,024	4.052	1.708	−7.7850	13.023
分行业 TFP tfp2	开发区	967,922	3.859	1.633	−11.655	14.111
	非开发区	498,190	3.765	1.673	−8.9103	12.806
主营业务收入 TFP tfp3	开发区	967,124	3.897	1.718	−10.656	14.071
	非开发区	498,024	3.816	1.752	−10.166	12.472
劳均生产率 tfp4	开发区	967,922	5.296	1.648	0.000	15.812
	非开发区	498,190	5.167	1.688	0.000	14.903

资料来源：作者测算得出。

表7-3 区县生产性服务业平均效率描述性统计

效率	企业类型	样本量	平均值	标准差	最小值	最大值
省-行业 TFP ctfp0	开发区	1179	5.512	1.078	1.966	12.470
	非开发区	1653	4.915	1.116	0.057	11.197
全口径 TFP ctfp1	开发区	1179	5.819	1.087	2.535	12.296
	非开发区	1653	5.156	1.180	0.659	11.304
分行业 TFP ctfp2	开发区	1179	5.256	1.027	2.264	11.929
	非开发区	1653	4.742	1.029	1.337	10.642

续表

效率	企业类型	样本量	平均值	标准差	最小值	最大值
主营业务收入TFP ctfp3	开发区	1179	5.516	1.079	2.011	12.493
	非开发区	1653	4.916	1.119	0.621	11.196
劳均生产率 ctfp4	开发区	1179	7.192	1.058	3.872	14.107
	非开发区	1653	6.537	1.172	2.368	12.785

资料来源：作者测算得出。

第四节 开发区生产性服务业效率优势及其来源识别

描述性统计显示开发区生产性服务业效率水平高于非开发区，但并不能表明这种效率优势是由开发区设立带来的。因此，本部分将实证探究开发区的设立是否有效促进了区县生产性服务业效率的提高。如验证了开发区生产性服务业效率优势的存在，进一步探究其来源。

一、开发区生产性服务业效率优势识别

为探究开发区设立是否促进了生产性服务企业效率的提高，构建如下计量模型：

$$ctfp_i = \beta_0 + \beta_1 zone_i + \beta_X X_i + \varepsilon_i \quad 式（7-10）$$

其中，使用区县生产性服务业效率 $ctfp0$ 作为基准回归的被解释变量，分别采用 $ctfp1$-$ctfp4$ 作为稳健性检验中的被解释变量。核心解释变量为衡量区县是否拥有开发区的虚拟变量（$zone$）。X_i 为一系列控制变量，包括区县生产性服务业的平均工资（$lncwage$），衡量区县劳动力成本；区县本地市场化程度（$stapec$），使用国有企业营业收入占所有企业营业收入的比重衡量；区县的开放程度（$forepec$），使用外资企业营业收入占所有企业营业收入的比重衡量；区县的税收负担（$taxrate$），使用平均税率即应交税金与总营业收入之比衡量。同时考虑到城市

异质性，引入直辖市虚拟变量（lev1）和副省级及省会城市虚拟变量（lev2）。

  由于开发区往往趋向于在生产性服务业效率水平较高的地区选择，会带来较强的内生性。为克服开发区选址内生性带来的估计偏误，使用区县平均坡度（slope）作为开发区虚拟变量的工具变量。首先，引入区县层面的控制变量，使用 2SLS 方法进行估计，结果见表 7-4 第（1）列。工具变量 slope 通过了相应检验，第一阶段的回归结果也显示，开发区与坡度呈现显著的负相关关系。第二阶段回归表明，开发区对区县生产性服务业效率具有显著的正向促进作用。进一步引入两个城市特征虚拟变量，见表 7-4 第（2）列，可见几乎并未改变开发区对企业效率的影响方向、大小和显著性。第（3）—（6）列分别汇报了使用 ctfp1—ctfp4 作为被解释变量，同时控制所有自变量的估计结果，虽然开发区对生产性服务业效率影响的系数大小有一定差异，但仍平均在 1% 水平上显著为正，表明开发区的确带来了生产性服务业的效率优势，且这一结果通过了稳健性检验。

第七章 开发区政策对生产性服务业效率的影响

表7-4 开发区设立对生产性服务业效率的影响

	(1)	(2)	(3)	(4)	(5)	(6)
第一阶段	zone	zone	zone	zone	zone	zone
slope	-0.032***	-0.032***	-0.032***	-0.032***	-0.032***	-0.032***
	(0.004)	(0.004)	(0.004)	(0.004)	(0.004)	(0.004)
观测值	2832	2823	2832	2832	2832	2832
F统计值	73.310	72.560	72.560	72.560	72.560	72.560
	[0.000]	[0.000]	[0.000]	[0.000]	[0.000]	[0.000]
第二阶段	ctfp0	ctfp0	ctfp1	ctfp2	ctfp3	ctfp4
zone	3.120***	3.069***	2.528***	1.558***	3.097***	2.346***
	(0.416)	(0.413)	(0.363)	(0.279)	(0.416)	(0.345)
lncwage	-0.325**	-0.346**	-0.007	0.114	-0.357**	0.188
	(0.160)	(0.156)	(0.137)	(0.106)	(0.157)	(0.131)
stapec	0.048	0.056	-0.170	-0.516***	0.051	0.109
	(0.178)	(0.175)	(0.154)	(0.118)	(0.176)	(0.146)
forepec	-2.398***	-2.387***	-1.002**	-1.378***	-2.408***	-0.501
	(0.463)	(0.459)	(0.403)	(0.310)	(0.462)	(0.383)
taxrate	-14.640***	-14.440***	-20.000***	-16.390***	-14.340***	-19.410***
	(1.790)	(1.765)	(1.553)	(1.194)	(1.778)	(1.476)

151

续表

	(1)	(2)	(3)	(4)	(5)	(6)
lev1	—	-0.033	0.656***	0.744***	-0.024	0.623***
		(0.170)	(0.149)	(0.115)	(0.171)	(0.142)
lev2	—	0.243**	0.347***	0.343***	0.250**	0.344***
		(0.098)	(0.086)	(0.066)	(0.098)	(0.082)
Constant	5.160***	5.206***	4.810***	4.430***	5.227***	5.584***
	(0.309)	(0.304)	(0.267)	(0.206)	(0.306)	(0.254)
Underidentification test (LM statistics)	71.610	70.940	70.940	70.940	70.940	70.940
p-value	[0.000]	[0.000]	[0.000]	[0.000]	[0.000]	[0.000]
Weak identification test (F stattistics)	73.310	72.560	72.560	72.560	72.560	72.560
10% critical value	16.380	16.380	16.380	16.380	16.380	16.380
观测值	2832	2832	2832	2832	2832	2832
R^2	0.906	0.908	0.936	0.954	0.907	0.962

注：***、**、*分别表示1%、5%、10%统计显著，圆括号内为标准误，方括号内为相关检验的P值。下同。

二、效率优势来源识别：集聚效应与选择效应

上文实证表明，开发区的设立促进了生产性服务业效率的提高，本部分将进一步探究这种效率优势的来源。首先，绘制开发区企业与非开发区生产性服务企业效率分布的核密度图（见图7-1），可见与非开发区企业相比，开发区生产性服务企业的效率分布曲线产生了小幅的向右偏移，这意味着从整体而言，开发区生产性服务企业的平均效率相对较高，但没有明显的左截尾特征，表明开发区内低效率企业并不比非开发区更少，即可能开发区内部在激烈的市场竞争下淘汰低效率企业的选择效应并不强。

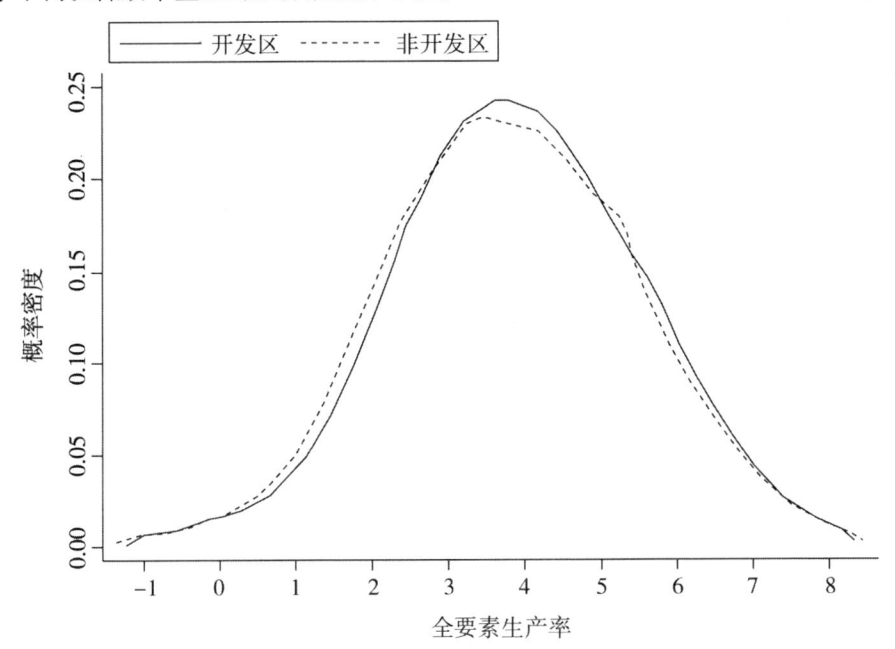

图7-1 开发区与非开发区生产性服务企业效率分布核密度图

注：分别剔除了开发区与非开发区样本左右两侧各0.5%的观测值。

根据P.P.库姆斯等的估计方法，构建地区i实际存在的企业的对数效率累积分布函数为：

$$F_i(\varphi) = \max\left\{0, \frac{\tilde{F}\left(\frac{\varphi - A_i}{D_i}\right) - S_i}{1 - S_i}\right\} \quad \text{式 (7-11)}$$

其中，A_i 和 D_i 分别通过效率分布曲线的右移和拉伸来表达集聚效应，淘汰率 S_i 可以反映选择效应，表现为曲线的左断尾特征。由于累积分布函数 $\tilde{F}(\varphi)$ 未知，无法直接量化估计出三个参数，但可以估计两者的相对值，对于开发区 i 和非开发区 j，定义 $D=D_i/D_j$，为 i 相对于 j 的对数效率曲线的膨胀比例；$A=A_i-DA_j$，为 i 相对于 j 的效率曲线的右移程度；$S=(S_i-S_j)/(1-S_j)$，为 i 相对于 j 的左截断程度。通过效率分布转换和线性插值法计算分位点，便可以得到可估计的目标函数，从而得到参数 A、D、S 的估计值，分别代表效率优势来源的集聚效应和选择效应。A>0 表明开发区生产性服务业比非开发区有更强的集聚效应；D 反映集聚效应的企业异质性，D>1 说明开发区生产性服务业效率分布曲线有更大的拉伸；S 表示选择效应，S>0 意味着相对于非开发区，开发区低效率生产性服务企业有更高的淘汰率。

使用这种方法，分别估计了约束条件下的参数 A，A 和 D，以及非约束条件下的 A、D 和 S，估计结果见表 7-5。可见，集聚效应参数 A 显著为正，表明较之于非开发区，开发区生产性服务企业的确获得了更多的集聚效应，这也是其效率优势最重要的来源；代表集聚效应异质性的参数 D 显著小于1，这意味着与非开发区相比，开发区中低效率企业从集聚经济中获益更多，效率分布产生更明显的右移，同时说明效率的分布更为集中。选择效应参数 S 显著为负，表明相比于非开发区，开发区生产性服务业中的低效率企业比例相对较高。开发区的"政策租"吸引了更多的低效率企业的进入，这些低效率企业虽然面临着激烈的市场竞争，但同时得到了更多的政策优惠，因而也不会轻易迁出，验证了本研究的理论假说3。

表 7-5 开发区效率优势来源识别：基准估计

	(1)	(2)	(3)
Shift A	0.080***	0.144***	0.172***

续表

	(1)	(2)	(3)
	(0.003)	(0.005)	(0.005)
Dilation D	-	0.983***	0.978***
		(0.001)	(0.001)
Truncation S	-	-	-0.001***
			(0.0002)
观测值	1,451,453	1,451,453	1,451,453
R^2	0.826	0.927	0.951

为量化考察开发区生产性服务业效率优势分别有多大程度来源于集聚效应和选择效应，计算不同分位点处集聚效应和选择效应为开发区效率优势带来的贡献。假定，$\lambda_i(u)$ 为 u 分位点处开发区的效率，$\lambda_j(u)$ 为 u 分位点处拟合出的非开发区的效率，那么由集聚和选择效应带来的开发区效率优势贡献，即 u 分位点上开发区效率比非开发区高出的百分比为：

$$diftfp = \lambda_i(u) / \lambda_j(u) - 1 \qquad 式（7-12）$$

假定不存在集聚效应，即 $A=0$，$D=1$，可拟合的非开发区效率为 $\lambda'_j(u)$，开发区效率优势为：

$$\lambda_i(u) / \lambda'_j(u) - 1 \qquad 式（7-13）$$

那么式（7-12）与式（7-13）之差即集聚效应对开发区生产性服务业效率优势的贡献：

$$diftfpa = \lambda_i(u)(1/\lambda_j(u) - 1/\lambda'_j(u)) \qquad 式（7-14）$$

同样地，可计算选择效应对开发区效率优势的贡献。根据表 7-5 第（3）列中对 A、D、S 三个参数的估计结果，分别计算十个分位点处集聚效应、选择效应和总效应带来的开发区效率优势贡献，见图 7-2。开发区比非开发区有效率优势，且这效率优势主要源于集聚效应的贡献，而选择效应对开发区效率优势的贡献为负，抵消了一部分集聚效应的作用。从变化趋势上看，随着效率的不断提高，三种效应对效率优势的贡献都不断降低，且集聚效应对低效率企业作用更大，而效率较高的企业从集聚外部性中获得的收益相对较小。

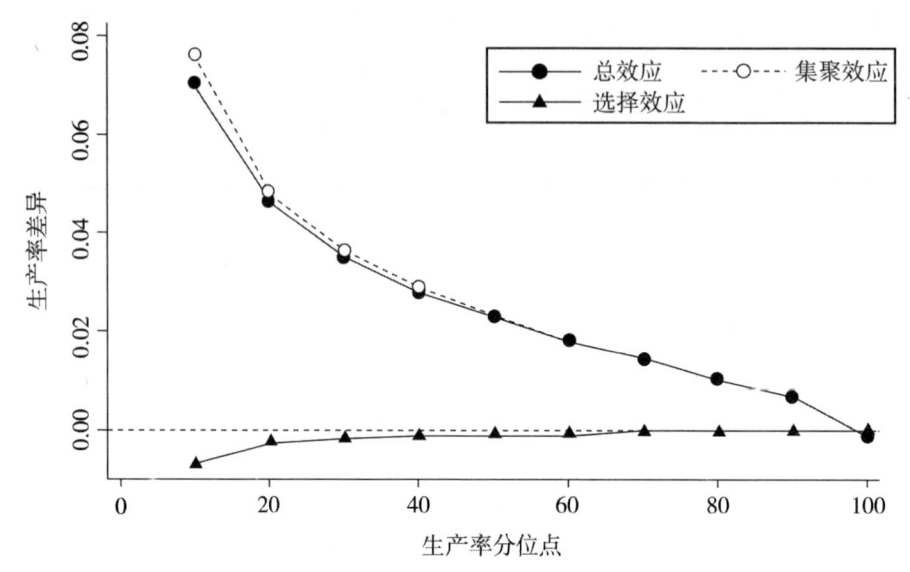

图7-2 不同效应对开发区与非开发区效率差异的贡献

三、稳健性检验

使用三类方法对上述基准估计结果进行稳健性检验，估计结果均报告于表7-6。第一，更改企业效率计算方法，包括全行业口径估计、分行业估计、使用主营业务收入替换总营业收入估计，以及劳均效率。结果见第（1）行至第（4）行，上述替换效率指标估计结果均稳健。

第二，变换样本量的稳健性检验。①考虑城市差异可能带来的估计偏误：有些城市并没有开发区，可能是因为这些城市并不具备良好的产业基础，其企业生产率偏低并不仅仅是由没有开发区所带来的。因此包含没有开发区城市的样本估计可能会高估开发区设立带来的效率优势，为解决这种偏误，表7-6的第（5）行剔除了这些没有任何一家开发区的城市企业样本进行估计。②考虑企业规模经济可能带来的估计偏误：规模较大的企业效率的提高可能更多来源于企业自身的规模经济，剔除员工数大于四分之三分位点的企业，结果报告于第

(6)行。③考虑企业年龄差异可能带来的估计偏误：参考董晓芳和袁燕的计算方法[1]，样本中开发区企业的平均年龄为5.70岁，而非开发区企业的平均年龄为6.53岁。相较于新生企业，年龄较大的企业技术成熟、资本雄厚，更可能拥有较高的效率，年龄高于中位数的企业平均效率为3.95，而低于中位数的企业平均效率为3.81，这样可能会低估开发区集聚效应带来的企业效率提高，因此剔除年龄高于四分之三分位点的企业样本，结果报告于第（7）行，结果稳健，且A为0.192，高于基准回归的0.172。

第三，改变开发区企业的识别方式。本研究基准回归中，将所有位于拥有开发区区县的企业均识别为开发区企业，这种识别方式可以较全面地考察开发区企业，但会高估开发区企业的样本量，因此采取其他方法识别开发区企业。①企业字段识别：借鉴向宽虎和陆铭[2]、王永进和张国峰[3]的字段识别方法，如果某个企业的名称或地址中出现"开发区""园区""加工区""保税区""工业园""工业区""高新区""产业园""高新技术区"字段，则认为其是开发区企业。②区划代码识别：有一部分开发区有其独立的9位乡镇街道代码，将拥有相同乡镇街道代码的企业识别为开发区企业。③四至范围识别：根据国家级开发区的四至范围识别出每个开发区包含的乡镇街道代码，将这些乡镇街道对应的企业识别为开发区企业。将使用这三种方法识别出的开发区企业取并集作为开发区企业样本[4]，估计结果见第（8）行，结果稳健。

---

[1] 董晓芳，袁燕. 企业创新、生命周期与聚集经济[J]. 经济学（季刊），2014，13（2）：767-792.

[2] 向宽虎，陆铭. 发展速度与质量的冲突：为什么开发区政策的区域分散倾向是不可持续的？[J]. 财经研究，2015，41（4）：4-17.

[3] 王永进，张国峰. 开发区生产率优势的来源：集聚效应还是选择效应？[J]. 经济研究，2016（7）：58-71.

[4] 相较于基准识别方法，这三种识别方式虽然提高了单个企业的识别精度，但出现了较大的样本量总体偏差，会大大降低开发区企业数目的样本量。

表 7-6 开发区效率优势来源识别：稳健性检验

			A	D	S	R^2	观测值
改变企业全要素生产率估计方法	（1）	全口径TFP	0.262*** (0.006)	0.968*** (0.001)	-0.001*** (0.0001)	0.988	1,450,498
	（2）	分行业TFP	0.189*** (0.006)	0.975*** (0.001)	-0.0002** (0.0001)	0.980	1,451,454
	（3）	主营业务收入TFP	0.174*** (0.007)	0.977*** (0.001)	-0.001*** (0.0002)	0.954	1,450,498
	（4）	劳均效率	0.312*** (0.041)	0.967*** (0.006)	-0.003 (0.002)	0.983	1,451,899
变换样本量	（5）	开发区城市	0.164*** (0.006)	0.976*** (0.001)	-0.001*** (0.0002)	0.942	1,438,775
	（6）	剔除大规模企业	0.172*** (0.008)	0.976*** (0.002)	-0.001*** (0.0003)	0.910	1,102,126
	（7）	剔除高龄企业	0.192*** (0.006)	0.971*** (0.001)	-0.002*** (0.0002)	0.932	1,093,811
变换开发区识别方法	（8）	其他识别方法	0.235*** (0.010)	1.065*** (0.002)	-0.006*** (0.0004)	0.976	1,451,451

与制造业不同，生产性服务业涵盖行业范围较广，业务差别较大，存在很强的行业异质性，因此我们分行业进行估计，估计结果见表 7-7。除研发设计与其他技术服务业之外，其他九个行业集聚效应 A 的估计值都显著为正，这意味着普遍而言，开发区吸引大量企业进驻，由此产生的集聚效应对效率的提高有重要促进作用。研发设计行业属于高技术密集和知识密集型产业，对开发区的优惠政策和所在区位并不敏感。十个行业中，仅有三个行业选择效应 S 的估计值为正，即金融服务业、生产性租赁服务业和批发经济代理服务业，且这三个估计值都很小且不显著，这表明整体上看，开发区与非开发区生产性服务业的效率分布左截断特征差别并不大，甚至有更高的低效率企业比例。

第七章 开发区政策对生产性服务业效率的影响

表7-7 开发区效率优势来源识别:行业异质性

TFP计算方法	省份-行业计算的 TFP					行业 TFP				
	A	D	S	R²		A	D	S	R²	观测值
研发设计与其他技术服务	-0.006 (0.024)	1.033*** (0.007)	-0.002*** (0.001)	0.950		0.039* (0.021)	1.036*** (0.006)	-0.001 (0.0004)	0.980	108,716
货物运输、仓储和邮政快递服务	1.056*** (0.031)	0.782*** (0.007)	-0.034*** (0.004)	0.895		0.674*** (0.021)	0.829*** (0.005)	-0.008*** (0.001)	0.927	10,279
信息服务	0.256*** (0.023)	1.004*** (0.007)	-0.013*** (0.002)	0.952		0.156*** (0.020)	1.035*** (0.007)	-0.009*** (0.001)	0.957	12,135
金融服务	0.665*** (0.131)	0.921*** (0.033)	0.004 (0.008)	0.950		0.582*** (0.083)	0.930*** (0.023)	0.006 (0.004)	0.928	21,561
节能与环保服务	0.351*** (0.065)	1.015*** (0.013)	-0.006* (0.003)	0.986		0.217*** (0.048)	1.051*** (0.011)	0.001 (0.001)	0.997	26,374
生产性租赁服务	0.121*** (0.040)	1.001*** (0.012)	0.001 (0.002)	0.917		0.170*** (0.044)	0.979*** (0.015)	-0.0003 (0.002)	0.959	13,968
商务服务	0.230*** (0.019)	0.965*** (0.005)	-0.001 (0.001)	0.967		0.235*** (0.015)	0.966*** (0.004)	0.0004 (0.0003)	0.977	201,676

159

续表

TFP	省份-行业计算的 TFP				行业 TFP			
计算方法	A	D	S	R^2	A	D	S	R^2	观测值
人力资源管理与培训服务	0.257*** (0.040)	0.979*** (0.011)	-0.005** (0.002)	0.944	0.242*** (0.039)	0.973*** (0.011)	-0.004** (0.002)	0.967	27,885
批发经济代理服务	0.137*** (0.013)	0.990*** (0.002)	0.0001 (0.0002)	0.838	0.271*** (0.010)	0.967*** (0.002)	0.001*** (0.0002)	0.981	665,323
贸易经济代理服务	0.109*** (0.020)	1.004*** (0.004)	-0.003*** (0.001)	0.945	0.170*** (0.020)	1.000*** (0.005)	-0.001*** (0.0003)	0.989	161,826

第五节 集聚效应和选择效应的作用机制分析

上文通过非参数估计方法得出开发区生产性服务业效率优势来源于集聚效应，选择效应的存在抑制了开发区生产性服务业效率的提高。对于生产性服务业而言，制造企业是其"需求者"，制造业规模决定了生产性服务业市场潜能的大小，故从理论上推断开发区生产性服务业集聚效应的强弱取决于本地制造业的规模及产业关联强度。另外，开发区生产性服务业的选择效应则体现在两方面：一是开发区"政策租"的存在降低了企业进入成本，使得低效率企业得以创立，新生企业具有较低的效率水平，进而抑制了开发区生产性服务业效率的提升；二是随着商服用地"招拍挂"出让制度的逐渐健全和完善，开发区生产性服务业的土地出让市场化程度不断提高。在开发区商服用地供应紧张和制造业发展对生产性服务业需求上升的共同作用下，开发区生产性服务业土地价格上升，在选择效应的作用下将提高高效率企业的比例。选择效应的作用结果由以上两方面共同决定。基于此，本节将从本地市场规模和异质性企业选址两方面识别集聚效应和选择效应的作用机制。

一、集聚效应：本地市场规模视角

NEG 理论表明市场邻近带来的市场潜能提高将产生集聚效应，促进企业生产率的提高。制造业是生产性服务业最主要的服务对象，故本研究从本地市场规模的视角探究开发区集聚效应对生产性服务业效率的促进机制，即开发区的设立扩大了制造业规模，进而促进了生产性服务业效率的提升。

首先，考察开发区设立对制造业规模的影响。使用区县制造业总产值的对数（$lnsiav$）衡量本地制造业规模，控制其他制造业相关变量，包括制造业平均工资（$lncwage\_m$）、国有企业营业收入占比（$stapec\_m$）、外资企业营业收入占比（$forepec\_m$）、平均税率（$taxrate\_m$）以及城市等级（$lev1$、$lev2$）。为克服内生性，选取平均坡度作为开发区的工具变量，使用 2SLS 进行估计，结果报告于表 7-8，可以看出，开发区制造业规模的影响显著为正。其次，考察制造业规模对生产性服务业效率的影响。同样地，使用平均坡度作为开发区的工具变量，控制其他变量，使用2SLS估计，回归结果见表7-9，各个模型回归稳健性系数显著为正，制造业规模明显提升了生产性服务业的平均效率。

表7-8 开发区对制造业规模的影响

	(1)	(2)
第一阶段	zone	zone
slope	-0.030***	-0.030***
	(0.004)	(0.004)
观测值	2744	2744
F统计值	51.90	51.45
	[0.000]	[0.000]
第二阶段	lnsiav	lnsiav
zone	10.300***	10.240***
	(1.341)	(1.338)
lncwage_m	-1.580***	-1.634***
	(0.503)	(0.494)
stapec_m	0.627	0.651
	(0.525)	(0.519)
forepec_m	-2.586**	-2.634**
	(1.318)	(1.312)
taxrate_m	-5.168	-4.687
	(5.547)	(5.504)
lev1	—	0.135
		(0.468)
lev2	—	0.380
		(0.271)
Constant	15.190***	15.310***
	(0.926)	(0.914)

续表

	(1)	(2)
Underidentificationtest (LM statistics)	51.04	50.65
p-value	[0.000]	[0.000]
Weak identification test (F statistics)	51.90	51.45
10% critical value	16.38	16.38
观测值	2,744	2,744
R^2	0.914	0.915

表7-9 区县制造业规模对生产性服务业平均效率的影响

	(1)	(2)
第一阶段	lnsiav	lnsiav
slope	-0.3085***	-0.3057***
	(0.0144)	(0.0143)
观测值	2744	2744
F统计值	457.5	458.6
	[0.000]	[0.000]
第二阶段	ctfp0	ctfp0
lnsiav	0.315***	0.312***
	(0.029)	(0.030)
lncwage	0.113	0.105
	(0.0750)	(0.0730)
stapec	-0.210**	-0.208**
	(0.107)	(0.105)
forepec	-1.730***	-1.710***
	(0.272)	(0.272)

续表

	（1）	（2）
第二阶段	$ctfp0$	$ctfp0$
$taxrate$	-14.54***	-14.48***
	(1.303)	(1.291)
$lev1$	-	-0.0767
		(0.106)
$lev2$	-	0.119*
		(0.0648)
Constant	0.538	0.595*
	(0.344)	(0.356)
Underidentification test (LM statistics)	392.800	393.9
p-value	[0.000]	[0.000]
Weak identification test (F statistics)	457.500	458.600
10% critical value	16.380	16.380
观测值	2744	2744
R^2	0.964	0.965

进一步来看，本地市场效应发挥的强弱还取决于生产性服务业与开发区主导制造行业的产业关联强度。地方政府在设立开发区时，会根据本地产业基础和行业发展前景，将某些制造行业规划为开发区主要吸引投资和扶持发展的行业，即规划主导行业。如果进驻开发区的生产性服务企业与该开发区规划的主导制造行业有较强的产业关联度，就会产生更强的外部性，集聚效应带来的效率优势将愈加明显。因此，生产性服务业与开发区规划主导制造行业之间的产业关联强度是影响集聚效应程度的关键因素，较高产业关联度的开发区生产性服务企业将会从集聚效应中获益更多。

为验证这一推测,本书计算了开发区主导产业与生产性服务业的关联强度,对于 i 区县的生产性服务业行业 d,其与所属区县开发区主导制造业之间的产业关联度为:

$$SM_{id} = \sum_{u=1}^{n} s_{iu} a_{ud} \qquad 式（7-15）$$

其中 d、u 分别代表生产性服务行业和主导制造业行业,n 为区县 i 开发区的主导制造行业数量;s_{iu} 表示开发区主导制造业行业 u 营业收入占园区所有主导制造业的份额;a_{ud} 代表生产性服务业行业 d 与制造业行业 u 之间的中间投入系数[1]。按照产业关联度均值将开发区企业样本划分为高关联度企业和低关联度企业两组样本,分别与非开发区企业样本进行比对估计,结果见表 7-10。可见,在两种计算方法下,高关联度样本的集聚效应 A 的估计值更大,意味着关联度较高的开发区企业,集聚效应能够带来更明显的效率优势。

因此,总体而言,集聚效应是开发区生产性服务业效率优势的来源,对集聚效应机制的进一步探究也表明,开发区通过扩大生产性服务业的市场规模,促进了其效率的提升,且开发区集聚效应的强弱受生产性服务业企业与开发区制造业主导产业关联度的正向影响。

表 7-10　不同产业关联度的开发区生产性服务业效率优势来源

		A	D	S	R^2	观测值
按总营业收入计算行业份额	高关联度企业与非开发区企业	0.902***	0.945***	−0.007***	0.985	1,000,511
		(0.011)	(0.002)	(0.001)		
	低关联度企业与非开发区企业	0.096***	0.775***	−0.015***	0.991	839,481
		(0.010)	(0.002)	(0.001)		

---

[1] 由于生产性服务业主要作为制造业的供给者存在,我们使用生产性服务业 d 对制造业 u 的直接投入系数衡量两者之间的产业关联强度,并依据中国投入产出表计算。

续表

		A	D	S	R²	观测值
按主营业务收入计算行业份额	高关联度企业与非开发区企业	0.901*** (0.013)	0.945*** (0.003)	-0.007*** (0.001)	0.985	1,000,580
	低关联度企业与非开发区企业	0.076*** (0.009)	0.781*** (0.002)	-0.014*** (0.001)	0.990	839,411

二、选择效应：异质性企业选址视角

上文非参数估计结果显示，表征选择效应的 S 值为负，即较之于非开发区，开发区低效率企业占比稍高。两方面的内在机制可能导致这一结果：第一，在开发区商服用地供应紧张和制造业发展对生产性服务业需求上升的共同作用下，开发区具有更高的商服用地价格水平，导致生产性服务业企业进驻开发区具有更高的成本，从而促使更少的低效率企业选择在开发区分布；第二，开发区的优惠政策降低了新生企业的创立门槛，使得在开发区外原本难以创立的低效率企业也能建立起来，新生企业中低效率企业更多，从而提高了开发区低效率企业的比例。本研究理论模型也已经说明，低效企业相对于高效企业而言更加自由，当某个地区成立开发区时，最先做出反应向开发区迁移的是低效率企业。

基于第二次经济普查的截面数据，本研究通过实证策略探讨上述两种机制：开发区设立抬高了商服用地价格水平，导致相对更少的低效企业分布；开发区政策降低了企业的平均税率，导致相对更多的低效率企业分布[①]。首先，分别考察开发区对区县平均税率和商服用地价格的影响，回归方程为：

$$taxrate_i = \beta_0 + \beta_1 zone_i + \beta_X X_i + \varepsilon_i \qquad 式（7-16）$$

$$\ln pri_i = \gamma_0 + \gamma_1 zone_i + \gamma_X X_i + \mu_i \qquad 式（7-17）$$

其中，$taxrate_i$ 为区县 i 的平均税率，$zone_i$ 为衡量区县 i 是否拥有开发区的

---

① 资金补贴和税收优惠是开发区政策优惠的主要形式，但由于经济普查数据库中并没有公布微观企业的资金补贴数据，本章仅对税收优惠的作用机制进行了实证分析。

虚拟变量，*lnpri* 为区县商服用地平均价格的对数。同时控制可能影响税率和商服用地价格的其他解释变量，包括生产性服务业中国有企业营业收入比重（*stapec*）和外资企业营业收入比重（*forepec*），再逐次引入表征城市异质性的虚拟变量直辖市（*lev*1）和副省级及省会城市（*lev*2），控制省份固定效应。

使用区县平均坡度作为工具变量的 2*SLS* 回归结果见表 7-11，可见开发区设立对区县税率有显著的负向影响，控制所有层面变量的系数［第（2）列］意味着，总体上，开发区的设立将会带来区县生产性服务业企业平均税率下降 2.1 个百分点。开发区设立降低税收水平，与目前地区竞争和财政激励的制度环境密切相关，通过降低税收水平，吸引生产性服务业企业进入，虽然损失了短期的财政收入，但当企业服务能力形成后，将会带来长期稳定的增值税收入现金流，并且生产性服务业企业的集聚能够有效提升制造业企业效率水平[1]，促进开发区竞争力提升。

开发区设立对商服用地价格的回归系数为正且显著，说明开发区的设立提高了商服用地价格，控制所有层面变量的系数［第（4）列］表明，区县拥有开发区比未拥有开发区带来了商服用地平均价格 1.6 个百分点的上升。开发区提升了商服用地价格水平，究其原因，可能与地方政府土地供应策略以及开发区土地市场有关。从地方政府供给策略看，地方政府面临招商压力时，通常采取"低价供应工业用地、高价供应商服用地"的"两手供地"策略[2]，导致商服用地价格远远高于工业用地价格水平。另外，从开发区土地市场来看，开发区制造业更为集中，产业规模比非开发区更大，由于生产性服务业具有较强的本地根植性，主要服务于本地企业[3]，说明对于生产性服务业企业而言，开发区具有更大的需求市场。但是，开发区商服用地供应规模不能满足需要，截至2017 年 12 月 31 日，中国国家级开发区商服用地占已建成城镇建设用地的比例

---

[1] 宣烨，余泳泽. 生产性服务业集聚对制造业企业全要素生产率提升研究：来自 230 个城市微观企业的证据［J］. 数量经济技术经济研究，2017，34（2）：89-104.
[2] 梅林，席强敏. 土地价格、产业结构与城市效率：基于中国城市面板数据的经验分析［J］. 经济科学，2018（4）：61-74.
[3] 孙伟增，吴建峰，郑思齐. 区位导向性产业政策的消费带动效应：以开发区政策为例的实证研究［J］. 中国社会科学，2018（12）：48-68，200.

仅为4.05%，远低于工业用地的48.51%。① 因此，开发区生产性服务业对于商服用地的激烈市场竞争带来了开发区商服用地价格水平的上涨。

表7-11 开发区设立对区县生产性服务业平均税率及土地价格的影响

	(1)	(2)	(3)	(4)
第一阶段	*zone*	*zone*	*zone*	*zone*
slope	-0.030***	-0.027***	-0.038***	-0.035***
	(0.004)	(0.004)	(0.006)	(0.006)
观测值	2784	2784	2060	2060
F统计值	51.31	44.11	35.01	30.02
	[0.000]	[0.000]	[0.000]	[0.000]
第二阶段	*taxrate*	*taxrate*	*lnpri*	*lnpri*
zone	-0.022***	-0.021***	1.933***	1.624**
	(0.006)	(0.007)	(0.649)	(0.675)
stapec	-0.007***	-0.007***	-0.097	-0.080
	(0.002)	(0.002)	(0.208)	(0.200)
forepec	-0.001	-0.001	0.500	0.519
	(0.007)	(0.007)	(0.669)	(0.653)
lev1		-0.016**		1.152**
		(0.007)		(0.579)
lev2		-0.001		0.428***
		(0.001)		(0.122)
Constant	0.030***	0.046***	5.11***	4.245***
	(0.007)	(0.011)	(0.676)	(1.014)
省份固定效应	控制	控制	控制	控制
Underidentificationtest（*LM statistics*）	50.991	43.984	34.973	30.089

---

① 数据来源于自然资源部公布的2018年度国家级开发区土地集约利用评价报告。

续表

	（1）	（2）	（3）	（4）
p-value	0.000	0.000	0.000	0.000
Weak identification test (F statistics)	51.308	44.112	35.007	30.016
10% critical value	16.38	16.38	16.38	16.38
观测值	2784	2784	2060	2060
R^2	0.514	0.514	0.924	0.930

考察税率和商服用地价格对新生企业创立数量的影响。将第二次经济普查当年成立的生产性服务业企业识别为新生企业，并按照全要素生产率中位数划分为低效率企业和高效率企业两组，统计每个区县的低效率新生企业数目（finuml）和高效率新生企业数目（finumh），将其作为被解释变量。随后使用区县平均税率（taxrate）和商服用地价格（lnpri）分别对区县低、高效率新生企业数目进行回归。同时控制其他影响企业区位选择的解释变量，包括本区县是否成立省级及以上开发区（sez）、生产性服务业中国有企业营业收入比重（stapec）和外资企业营业收入比重（forepec），以及城市性质虚拟变量直辖市（lev1）和副省级及省会城市（lev2）。为削弱内生性，所有解释变量均使用第二次经济普查年前成立的企业数据进行计算。被解释变量为非负整数，有排序意义，且样本存在过度分散的特征，故应该构建如下负二项回归计量模型：

$$finuml_i = exp(\varphi_{0li} + \varphi_{1li}taxrate_i + \varphi_{2li}lnpri_i + \varphi_{Xli}X_i) + \mu_{li} \quad 式（7-18）$$

$$finumh_i = exp(\varphi_{0hi} + \varphi_{1hi}taxrate_i + \varphi_{2hi}lnpri_i + \varphi_{Xhi}X_i) + \mu_{hi} \quad 式（7-19）$$

分别估计以上模型，并计算所有解释变量的平均边际效应。首先单独将税率、商服用地价格分别作为核心解释变量回归[表7-12第（1）—（4）列]，然后同时将两者放入模型进行回归[第（5）（6）列]。从估计结果可以看出，区县平均税率对低效率和高效率新生企业数量均具有显著的负向影响，且从平均边际效应的数值大小来看，税率对低效率新生企业数的影响程度远大于其对高效率新生企业数的影响。以同时回归的结果分析，开发区成立对低效率新生企业数量和高效率新生企业数量的平均边际效应分别约为-476.8和-270.9，这意味着税率每降低一个百分点，将会促成该区县创立4.77家低效率生产性服务业企业和2.71家高效率生产性服务业企业，表明较低的低税率更容易诱发低效率新生企业的创立。与税率的结果相反，区县商服用地价格对数对新生企业数量则影响为正。从数值上看，同时回归结果显示其对低效率新生企业和高效率新生企业数量影响的边际效应分别约为4.79和5.13，即区县商服用地平均价格提高一个百分点，会带来低效新生企业创立4.79家，或高效新生企业创立5.13家，说明开发区设立吸引了更多的高效企业创立。

表7-12 税率和商服用地价格对不同效率新生企业数的影响

	(1)	(2)	(3)	(4)	(5)	(6)
	finuml	*finumh*	*finuml*	*finumh*	*finuml*	*finumh*
taxrate	-445.9***	-271.5***			-476.8***	-270.9***
	(66.61)	(53.42)			(82.20)	(69.97)
lnpri			5.238***	5.339***	4.790***	5.128***
			(0.821)	(0.767)	(0.759)	(0.746)
zone	16.68***	14.81***	14.32***	12.64***	13.74***	12.14***
	(2.561)	(2.192)	(2.516)	(2.428)	(2.372)	(2.389)
stapec	-6.509	-30.39***	-6.444	-36.51***	-6.201	-36.59***
	(4.235)	(4.952)	(5.740)	(6.173)	(5.441)	(6.088)
forepec	154.2***	97.82***	153.8***	84.79***	138.7***	79.23***
	(30.80)	(18.23)	(30.80)	(17.75)	(27.28)	(16.90)
*lev*1	34.84***	32.00***	37.64***	32.72***	32.13***	29.75***
	(9.411)	(8.573)	(10.29)	(11.53)	(9.674)	(11.28)
*lev*2	50.65***	47.84***	56.29***	49.93***	52.37***	48.29***
	(5.935)	(4.243)	(6.721)	(4.454)	(6.080)	(4.331)
省份固定效应	控制	控制	控制	控制	控制	控制
Log pseuolikelihood	-9467.1	-9486.8	-7623.8	-7858.9	-7593.6	-7847.5
Pseudo R^2	0.108	0.099	0.103	0.094	0.107	0.095
观测值	2615	2615	2021	2021	2021	2021

综合表 7-5 和表 7-12 结果来看，说明了开发区更高的商服用地价格将会带来更多的高效企业进驻，与此同时，开发区更低的税收水平吸引了更多的低效企业进驻，两种机制共同作用，并且就开发区整体而言，选择效应显著为负，说明由开发区低税收所带来的"政策租"作用效应更强。

第六节 本章小结

随着生产性服务业逐步取代制造业成为经济增长的主要动力，生产性服务业对于开发区发展的影响势必日益加深，对开发区生产性服务业效率的讨论有利于指导开发区政策的优化调整。本章在"新"新经济地理的理论框架下，利用145万余家生产性服务企业数据，综合运用工具变量法、"无条件分布特征-参数对应"和广义负二项回归方法实证估计了开发区生产性服务业效率优势的存在性及其来源，并分别从本地市场规模和异质性企业选址的视角验证了开发区集聚效应和选择效应的作用机制。本章的主要结论和启示如下：

（1）区别于当前聚焦于探究中国开发区制造业效率优势的研究，本研究验证了开发区生产性服务业的效率优势，有助于全面评估开发区建设的经济绩效，丰富细化了对于开发区政策的理解。整体上看，中国开发区的设立有效推动了生产性服务业效率的提高。各地区产业结构转型升级过程中，应坚持集聚发展模式，引导生产性服务业向开发区等区位导向性政策区域集聚。

（2）集聚效应是开发区生产性服务业效率优势的来源，其强弱与本地制造业规模正相关，且当生产性服务行业与开发区主导制造行业关联度较高时，得到的集聚效应更强。地方政府制定开发区生产性服务业发展规划时，应充分考虑开发区及其周边的制造业发展基础，优先发展与当地主导制造业关联度更高的生产性服务业，杜绝盲目追求高新技术服务业，使生产性服务业与制造业融合发展，共同促进开发区效率提升。

（3）开发区是由政府主导的，通过一系列优惠政策或者补贴吸引企业而形成的产业集聚，开发区的优惠政策降低了企业的进入门槛，进而会在选择效应的作用下吸引较高比例的低效率企业入驻，抑制了生产性服务业效率的提高。

集聚效应的存在使得开发区可以在不采取政策刺激的情况下，通过自发的市场力量吸引企业自动流入，故应摒弃一味地采取税收优惠等政策吸引企业入驻的发展模式，充分发挥土地"招拍挂"出让等市场化机制对资源合理配置的决定性作用，选择适度的优惠政策，与开发区的自然禀赋和产业基础形成"合力"，促进生产性服务业效率提升。

第八章

中国生产性服务业空间结构优化的方向与建议

合理的生产性服务业空间分工结构能够引导区域资源合理配置,促进区域经济增长和可持续发展,实现疏密有序、均衡协调、分工合理的空间发展格局。生产性服务业空间结构的优化应充分考虑区域自身的发展阶段、区域内城镇间的分工基础、区域整体的功能定位等,并要兼顾经济、社会与生态环境效益,统筹中心城市与周边地区、城镇化与农村地区发展。本章将在前文对中国生产性服务业空间结构效应实证研究的基础上,结合中国各区域的发展实际,提出中国生产性服务业空间结构优化的方向与建议。

第一节 主要结论

本书既从理论机理等层面论述了生产性服务业空间集聚的内在机理、生产性服务业空间分工的作用机制、生产性服务业与制造业空间协同集聚的模式等关键问题,又基于大量实证分析,深入揭示了中国生产性服务业空间结构演化的内在规律和空间溢出效应,丰富了生产性服务业空间结构的案例研究,并且为经典理论模型提供了现实支撑。本书的主要结论如下:

第一,2003年以来中国生产性服务业集聚程度呈上升趋势,主要集中在区域中心城市,且中心城市与非中心城市生产性服务业发展差距日益加大。从生产性服务业各行业的分布来看,信息服务业、科技服务业、商务服务业这三个高端行业的地域分工模式符合中心地理论特点,呈现等级规模结构,金融服务业和交通运输业的地域分工相对分散。生产性服务业各行业的集聚特征呈现明显差异，商务服务业、信息服务业、科技研发业等生产性服务业部门随着信息技术水平的快速发展，企业的服务半径不断扩大，行业显示出较高的集聚性。而交通运输业和金融服务业提供的服务都是接触紧密型服务，服务提供点需尽可能地靠近服务对象，服务半径较小，空间集聚程度比较低。2012—2019年生产性服务业的空间集聚程度有所下降。

第二，生产性服务业为制造业提供专业化的生产性服务，可以降低制造业的生产成本和交易成本，并有助于构筑制造业差异化竞争优势，而制造业的发展也可以带来更多生产性服务投入的需求，从而拉动生产性服务业的发展，这种拉动效应主要体现在生产性服务业规模的扩大和服务质量及效率的提高。生产性服务业与制造业之间在产业上的互动关系决定了两大产业部门的空间布局之间必然存在一定的关联。高集聚特征的生产性服务业部门与制造业的空间协同集聚度也相对较高，而低集聚特征的生产性服务业部门与制造业的空间协同集聚度则相对较低。

第三，在工业效率提升的目标导向下，中国各城市生产性服务业的发展面临在专业化与多样化发展模式之间选择。研究发现，随着城市规模的扩大以及工业对生产性服务业需求规模的上升和门类的增加，生产性服务业发展模式逐渐由专业化向多样化转变；生产性服务业多样化程度越高的城市对周边城市工业劳动生产率提升的空间溢出效应越强，但受交易成本和"面对面"接触需求的影响，空间溢出效应随距离增加而衰减，在100千米范围内的空间溢出效应最强，当距离超过350千米后溢出效应明显下降；超大城市、特大城市和大城市生产性服务业适宜选择多样化发展模式促进工业效率的提升，其中特大城市生产性服务业多样化程度提高对工业效率的拉动效应最为显著；而中小城市则应专注于某些特色专业化生产性服务业部门的发展来带动本地工业效率的提升。

第四，北京和天津两个大都市在京津冀生产性服务业分工体系中都呈现出多样化的特征，且多样化程度处于上升趋势，生产性服务功能不断完备，而河北省11个城市则呈现出专业化特征，大多专注于金融服务业和交通运输业的发展。北京与天津之间的生产性服务业分工程度相对较低，并且从动态上两个城市的生产性服务业结构逐渐趋同。在京津冀地区各城市间地方化程度较低的房地产服务业和科技服务业在空间上的正向外溢效应显著，且在150千米范围内的空间溢出效应最强，当距离超过 150 千米后溢出效应明显下降；信息服务业在京津冀地区城市间的溢出范围非常有限，仅体现在相邻城市之间；在京津冀地区各城市间地方化程度相对较高的交通运输业、金融服务业和商务服务业的空间外溢效应则不显著，该三类服务功能的空间分工结构有待优化，城市间的相互关联亟须加强。

第五，京津冀地区生产性服务业与制造业的产业关联度较高，但空间协同集聚度较低。分行业看，资本密集型制造业与生产性服务业的产业关联最强，空间邻近关系也最为紧密，而劳动密集型制造业与生产性服务业的产业关联相比较最弱，空间协同集聚程度也最低。基于制造业间集聚现象提出的马歇尔外部性理论同样适用于解释生产性服务业与制造业之间的空间协同集聚现象。

第六，超大城市作为城市层面生产性服务业空间分工的主要载体，在成本、市场等因素推动下会形成生产性服务业的专业化和多样化空间分工。从三次产业部门来看，服务业对北京市经济增长的贡献率高于上海和深圳。从行业门类来看，信息和金融服务业是北京经济增长的主要动能，而商务服务业对经济增长的贡献明显偏弱。进一步从商务服务业内部来看，企业管理服务行业下滑趋势明显，空间布局上呈现从高效率地区向低效率地区转移的特征。

第七，开发区是中国生产性服务业集聚的主要空间载体，对开发区生产性服务业效率的探讨可以为推动中国生产性服务业的快速发展提供决策参考。研究得出开发区的设立有效推动了生产性服务业效率的提高。集聚效应是开发区生产性服务业效率优势的来源，其强弱与本地制造业规模正相关，且当生产性服务行业与开发区主导制造行业关联度较高时，得到的集聚效应更强；开发区的优惠政策降低了企业的进入门槛，进而在选择效应的作用下吸引较高比例的低效率企业入驻，抑制了生产性服务业效率的提高。

第二节　城市层面生产性服务业空间结构优化的方向与建议

对于城市而言，把中心城区用来优先发展生产性服务业已成为政府部门的普遍诉求，但是对区域经济发展贡献较大的制造业聚集区同时也是政府部门的兴趣所在，如何构建合理高效的产业发展顺序以及在有限的空间合理布局生产性服务业和制造业，从而实现产业协调发展，达到效率最大化，这已经成为当今城市政府部门面对的一个重要命题，同时也是亟待解决的问题。

中国绝大多数城市在发展过程中先专注于走工业化道路而忽略生产性服务业的发展，待工业化进程到中后期阶段后开始逐渐注重生产性服务业的发展，从"工业经济"向"服务经济"转型。在这种产业发展路径中，城市的产业空间布局开始都是围绕制造业部门展开的，待生产性服务业的发展开始受到重视时，就会出现生产性服务业与制造业在城市空间范围内对有限土地资源的"挤出效应"，由此就会带来两个部门之间协调布局的问题。本节将从生产性服务业与制造业协同布局的视角提出城市内部生产性服务业空间布局优化的方向与建议。

一、建立生产性服务业多样化产业集聚区，促进生产性服务业产业链的分工与合作

产业集聚区按集聚产业类型的数量可以分为专业化产业集聚区和多样化产业集聚区两种。专业化产业集聚区是单一产业的集聚，专业化产业区虽然能通过集聚形成规模经济，但是由于这种集聚是单一资源的集聚，容易受产品和产业生命周期的影响，一旦要素结构或者市场发展变化，很容易陷入衰退的境地。而多样化产业集聚区，相对于专业化产业集聚区而言，集聚的水平更高，规模效应也更大，特别是在分工的形成和深化方面，多样化产业集聚区的集聚经济具有更大的优势，最典型的是城市特别是大城市由于产业门类的齐全和发达，以及专业人才齐备，能够提供细化的有效率的生产性服务业与制造业之间的分工框架，进而实现各专业层面上的规模效率递增和学习效率递增，推动技术进步。

二、合理安排产业发展顺序，充分发挥产业发展比较优势

根据本书的研究结果，生产性服务业趋向于向城市内部集聚，但这并不意味着任何一个城市都适合生产性服务业，现今许多城市采取的"退二进三"政策虽然有其合理性，却不是对每个城市都适用，因为城市的发展演进的动力都

有一定的产业背景作为基础,中国目前很多城市还是处于工业化带动城市化阶段,服务业的比重虽然有所上升,但是对城市的带动作用仍远不如制造业。并且生产性服务业在城市集聚很大程度上取决于制造业的产业结构优化升级,与该城市的制造业产业结构密切相关,在以劳动密集型为主的制造业时代,制造业的发展往往是以粗放型投入为代价,生产性服务业作用难以体现,而在资本密集型或技术密集型制造业中,生产性服务业作用尤为明显。因此各级城市政府应该在了解本地区的产业发展比较优势的基础上,结合其城市发展阶段,确定是生产性服务业的发展引领制造业的空间集聚还是制造业发展带动生产性服务业集聚,从而合理安排产业发展优先顺序,并且采取差异化的产业发展政策强化协同定位效益。

三、调整产业空间布局,强化生产性服务业与制造业的协同定位效益

生产性服务业和制造业在城市内部产业空间布局过程中"互补效应"和"挤出效应"并存,要想实现城市产业空间优化布局,就必须尽量增强生产性服务业与制造业之间的"互补效应",同时尽可能地削弱两者之间的"挤出效应"。基于前文分析,生产性服务业与制造业在整体上趋向于"中心—外围"的空间结构分布,生产性服务业趋向于在城市中心布局,而制造业则布局在城市外围;从细分产业来看,商业服务业和计算机应用服务业这些知识密集型的生产性服务业部门对邻近制造业布局的需求比较强烈,资本密集型以及技术密集型的制造业部门趋向于与生产性服务业部门在空间上邻近分布。城市政府可以通过制定相应的产业引导政策来引导城市内部合理的产业结构调整,从而通过强化生产性服务业与制造业之间的协同定位效益实现产业的协调发展。

四、加快城市化进程,扩大生产性服务业与制造业协调发展所需的空间载体

中国一些沿海城市近年来出现了产业空间协调布局问题。广东的东莞、浙江的温州以及福建的晋江等沿海城市在工业化发展阶段,依托改革开放带来的发展机遇,通过大量引进国外劳动密集型制造业的转型和吸引大量外地廉价劳动力,以劳动密集型制造业为主的制造业部门得到了快速集聚和发展,对当地

城市的经济发展也带来了巨大的贡献，但是当劳动力资源不再存在或者单一的产业部门发展遇到风险时，城市的经济发展就会遭到难以承受的危机。为了改变这种现状，城市的产业结构和空间布局就必须进行优化调整，而这种调整有两条路径：一种是从纺织服装业等低附加值的劳动密集型制造业向电子通信设备制造业、装备制造业等高附加值的资本密集型和技术密集型制造业转型升级，另一种则是发展价值链微笑曲线两端的高附加值产业，即左边的技术研发业，右边的销售业，从单一的制造业驱动向制造业和服务业双轮驱动的产业结构转型。

无论是以上哪条转型升级路径，都需要大量城市资源的支撑。比如，制造业的转型升级就要求当地具备资本、人才和技术等高端要素，以及相关配套的生产性服务业才能吸引高附加值的制造业企业入驻，而要具备这些要素和配套产业，就需要有相应的空间载体支撑。大量事实和研究证明，只有在城市特别是大城市才能提供这些高端要素和生产性服务业发展所需的空间载体。城市空间是生产性服务业与制造业协调发展、产业结构升级优化的主要载体，城市化则是产业空间优化的路径。要想促进生产性服务业与制造业的协调发展，就必须关注城市化进程，扩大城市规模以吸引产业结构升级所需要的高端要素，为城市内部的生产性服务业与制造业互动发展提供空间载体。反过来即说明城市规模对于生产性服务业与制造业的协同布局有着显著影响，两者之间的空间互动通过城市集聚经济作用于产业结构的升级。

第三节 城市群层面生产性服务业空间结构优化的方向与建议

关于城市群内部城市之间的生产性服务业空间结构存在两种极端的状态：一种是各生产性服务业部门高度集聚在发达的中心城市，过分夸大了中心城市的集聚作用；另一种则是把城市群整体视为一个均质体，生产性服务业各行业在城市群内均匀分布，不符合城市群内各城市自然禀赋存在较大差异的客观现实。本研究认为在城市群内构建功能交错的有层次的生产性服务业分工体系是实现生产性服务业协同发展的有效路径。城市群生产性服务业空间分工体系从微观视角来看就是产业链在城市之间的空间配置，从整体上看城市群内应该形成多样化生产性服务业主要集聚在中心城市，中小城市主要发展专业化生产性服务业的生产性服务业分工格局。

一、强化城市群内部、不同城市之间多样化和专业化分工协作，构建大、中、小城市职能划分合理、优势互补的生产性服务业分工格局。

一方面，中小城市应利用邻近的大城市的高端生产性服务业的人才和技术支撑，对自身的工业部门进行改造和升级，使工业发展从传统的高投入、低附加值的生产模式向低投入、高附加值的生产模式转变，加快中小城市经济发展的步伐，从而缩小中小城市与大型城市之间的经济发展差距；另一方面，大型城市土地资源有限，人口、产业等要素不断向大型城市迅速聚集，产生了交通拥堵等一系列"大城市病"，为了缓解这些问题，大型城市内占地面积较大、附加值较低的区域物流等生产性服务功能应该适度、有序向周边的中小城市转移，在缓解大型城市交通拥堵的同时带动周边中小城市的产业发展。更重要的是，在城市群发展过程中，不仅要关注其地域空间结构、等级规模结构和职能组织结构等是否合理，还应该强调其生产性服务业在不同规模等级城市之间的分工协作，充分考虑生产性服务业与城市规模和发展阶段的相互匹配，以及生产性服务业辐射范围的差异，形成适合区域内大、中、小城市协调发展的生产性服务业发展模式。

二、超大城市、特大城市和大城市生产性服务业发展以多样化模式为主，并承担着集聚要素和向周边辐射的核心能级功能。

一方面，大型城市的发展要适应工业转型升级要求，满足高技术工业对生产性服务中间投入需求的多样化和高端化，以提升服务功能的完备性和质量。另一方面，由于某些高级生产性服务业对劳动力、资本、技术等投入要素的需求较高，且存在一定的服务需求门槛，因此，仅能在大型城市集聚，而周边的中小城市虽然自身无法支撑这些高级生产性服务业在本地的发展，但对这些高级生产性服务却也有着一定的中间需求。因此，大型城市的生产性服务业还承担着为周边城市提供服务外延的功能，应定位于发展成区域性、综合性的生产性服务中心，区域性的技术、资金、人才配给中心，重点发展研发设计、信息技术服务、检验检测认证、商务咨询、人力资源服务和品牌建设等科技含量高、服务范围广、带动作用强的生产性服务业，并融合其他多种生产性服务业业态，走多样化发展路径。同时，政府应该减少对产业发展的干预，促进自由竞争，并通过改善法律、信用、税收等制度环境，提升交通基础设施运营效率，降低城市之间的交易成本，进一步扩大大型城市生产性服务对周边城市工业发展的辐射带动范围。

三、中小城市应结合城市要素禀赋、比较优势和主导工业的核心需求，重点发展特色鲜明的专业化生产性服务，以带动本地工业效率的提升。

当前，许多城市采取的"退二进三"政策虽然有其合理性，但并不适用于每个城市，尤其是对城市规模相对较小、要素集聚程度相对较低的中、小城市。城市的发展演进都以一定的产业背景作为基础，目前，中国的很多城市都还处于工业化带动城市化发展阶段，服务业的比重虽然有所上升，但对城市发展的带动作用仍远不如第二产业。因此，对于中小城市而言，在制定生产性服务业的产业发展规划时，不要盲目追求"大而全"的发展模式，应该在致力于第二产业发展的同时关注生产性服务业的协同配合，有选择地发展第三方物流、电子商务、服务外包等生产性服务功能，以生产性服务业的专业化发展打造城市经济特色品牌。各级城市政府应该正视不同城市规模和不同发展阶段生产性服务业发展存在差异性的客观规律，在了解本地区的产业发展比较优势的基础上，有选择、有重点地确定生产性服务业的主导发展方向。

第四节　生产性服务业空间分工体系的协调机制

生产性服务业空间结构优化调整的实质是各类生产要素和企业在以价格信号为基础的市场导向和各个城市政府部门行为推动下形成的效应最大化的产业空间布局状态。当在市场经济条件下，各个城市之间由于行政壁垒的存在而使得市场导向作用不能得到充分发挥，出现市场失灵现象时，政府部门的协调作用就显得尤为重要。

国家应根据区域内各城市的发展阶段和产业特色，对生产性服务功能在城市间的分工进行明确的规划和顶层设计。国家在制定区域发展规划及出台相关产业政策时，不仅要对区域内各城市间的制造功能和服务功能进行分工，还要明确设定区域内大型城市的多样化生产性服务的辐射范围以及中小城市需重点发展的专业化生产性服务，以避免区域内城市间生产性服务发展的恶性重复竞争。在国家对生产性服务业发展日益重视的背景下，各级城市都加大了对生产性服务业发展的投入力度，但在缺乏顶层规划的情况下却容易出现重复建设等问题。

因此，国家的区域产业发展政策应进一步加强产业与空间的相互协调和密切配合，考虑生产性服务业的空间布局，对不同规模城市的生产性服务业发展进行科学专业的指导，更进一步细化和明晰城市层面的生产性服务业发展模式和重点发展方向，充分对接产业分工与空间协作，以实现生产性服务业在区域内的协调发展。

中文主要参考文献

期刊文献

[1] 包群，唐诗．开发区建设与周边地区的企业成长：窗口辐射还是挤出效应 [J]．产业经济研究，2016（5）．

[2] 曾艺，韩峰．生产性服务业集聚与制造业出口产品质量升级 [J]．南开经济研究，2022，229（7）．

[3] 陈建军，陈菁菁．生产性服务业与制造业的协同定位研究：以浙江省69个城市和地区为例 [J]．中国工业经济，2011（6）．

[4] 陈艳莹，鲍宗客．行业效应还是企业效应？——中国生产性服务企业利润率差异来源分解 [J]．管理世界，2013（10）．

[5] 程大中．中国生产性服务业的水平、结构及影响：基于投入—产出法的国际比较研究 [J]．经济研究，2008（1）．

[6] 丁凡琳，赵文杰．生产性服务业集聚能否助力碳达峰？——基于中国地级市数据的空间分析 [J]．城市发展研究，2023，30（1）．

[7] 董晓芳，袁燕．企业创新、生命周期与聚集经济 [J]．经济学（季刊），2014，13（2）．

[8] 高觉民，李晓慧．生产性服务业与制造业的互动机理：理论与实证 [J]．中国工业经济，2011（6）．

[9] 高康，原毅军．生产性服务业空间集聚如何推动制造业升级？[J]．经济评论，2020，224（4）．

[10] 葛顺奇，罗伟．中国制造业企业对外直接投资和母公司竞争优势 [J]．

管理世界，2013（6）．

[11] 韩峰，阳立高．生产性服务业集聚如何影响制造业结构升级？——一个集聚经济与熊彼特内生增长理论的综合框架 [J]．管理世界，2020（2）．

[12] 黄繁华，郭卫军．空间溢出视角下的生产性服务业集聚与长三角城市群经济增长效率 [J]．统计研究，2020，37（7）．

[13] 江曼琦，席强敏．生产性服务业与制造业的产业关联与协同集聚 [J]．南开学报（哲学社会科学版），2014（1）．

[14] 李佳洺，孙铁山，张文忠．中国生产性服务业空间集聚特征与模式研究：基于地级市的实证分析 [J]．地理科学，2014（4）．

[15] 李磊，蒋殿春，王小霞．企业异质性与中国服务业对外直接投资 [J]．世界经济，2017，40（11）．

[16] 李晓萍，李平，吕大国，等．经济集聚、选择效应与企业生产率 [J]．管理世界，2015（4）．

[17] 李勇辉，沈波澜，胡舜，等．生产性服务业集聚空间效应与城市技术创新：基于长江经济带108个城市面板数据的实证分析 [J]．经济地理，2021，41（11）．

[18] 林毅夫，向为，余淼杰．区域型产业政策与企业生产率 [J]．经济学（季刊），2018，17（2）．

[19] 刘奕，夏杰长，李垚．生产性服务业集聚与制造业升级 [J]．中国工业经济，2017（7）．

[20] 陆铭，向宽虎．地理与服务业：内需是否会使城市体系分散化 [J]．经济学（季刊），2012，11（3）．

[21] 罗良文，孙小宁．生产性服务业与制造业协同集聚、融合发展的效率分析：基于微观企业数据的实证研究 [J]．学术研究，2021，436（3）．

[22] 吕政，刘勇，王钦．中国生产性服务业发展的战略选择：基于产业互动的研究视角 [J]．中国工业经济，2006（8）．

[23] 毛艳华，信超辉，卓乘风．粤港澳大湾区及周边城市生产性服务业空间网络结构及经济效应研究 [J]．广东社会科学，2022，216（4）．

[24] 梅林，席强敏．土地价格、产业结构与城市效率：基于中国城市面板

数据的经验分析[J].经济科学,2018(4).

[25] 乔彬,张蕊,雷春.高铁效应、生产性服务业集聚与制造业升级[J].经济评论,2019,220(6).

[26] 秦建群,夏春玉.交通基础设施如何影响生产性服务业空间集聚?——基于市场分割视角[J].财贸研究,2022,33(5).

[27] 邱灵,方创琳.北京市生产性服务业空间集聚综合测度[J].地理研究,2013(1).

[28] 宋昌耀,罗心然,席强敏,李国平.超大城市生产性服务业空间分工及其效应分析:以北京为例[J].地理科学,2018,38(12).

[29] 孙伟增,吴建峰,郑思齐.区位导向性产业政策的消费带动效应:以开发区政策为例的实证研究[J].中国社会科学,2018(12).

[30] 孙正,岳文浩,霍富迎.我国生产性服务业与制造业协同集聚程度测算研究:基于产业与城市群的视角[J].统计研究,2022,39(3).

[31] 汤长安,邱佳炜,张丽家,等.要素流动、产业协同集聚对区域经济增长影响的空间计量分析:以制造业与生产性服务业为例[J].经济地理,2021,41(7).

[32] 王文成,隋苑.生产性服务业和高技术产业协同集聚对区域创新效率的空间效应研究[J].管理学报,2022,19(5).

[33] 王永进,张国峰.开发区生产率优势的来源:集聚效应还是选择效应?[J].经济研究,2016(7).

[34] 向宽虎,陆铭.发展速度与质量的冲突:为什么开发区政策的区域分散倾向是不可持续的?[J].财经研究,2015,41(4).

[35] 宣烨,余泳泽.生产性服务业集聚对制造业企业全要素生产率提升研究:来自230个城市微观企业的证据[J].数量经济技术经济研究,2017,34(2).

[36] 杨汝岱.中国制造业企业全要素生产率研究[J].经济研究,2015(2).

[37] 于斌斌,金刚.中国城市结构调整与模式选择的空间溢出效应[J].中国工业经济,2014(2).

［38］余壮雄，杨扬．大城市的生产率优势：集聚与选择［J］．世界经济，2014（10）．

［39］张国峰，李强，王永进．大城市生产率优势：集聚、选择还是群分效应［J］．世界经济，2017（8）．

［40］张虎，韩爱华．制造业与生产性服务业耦合能否促进空间协调：基于285个城市数据的检验［J］．统计研究，2019，36（1）．

［41］张涛，司秋利，冯冬发．生产性服务业集聚、空间溢出与城市经济高质量发展［J］．求是学刊，2022，49（2）．

［42］郑江淮，高彦彦，胡小文．企业"扎堆"、技术升级与经济绩效：开发区集聚效应的实证分析［J］．经济研究，2008（5）．

论文类

［1］陈国亮．新经济地理学角度的生产性服务业集聚［D］．杭州：浙江大学，2009．

［2］刘曙华．生产性服务业集聚对区域空间重构的作用途径和机理研究［D］．上海：华东师范大学，2012．

［3］吕珺．京津冀地区生产性服务业集聚及区域差异研究［D］．济南：山东大学，2018．

［4］肖沛余．生产性服务业集聚与区域空间重构［D］．南京：南京大学，2018．

［5］钟虹芳．珠三角城市群生产性服务业层级分工对制造业效率的影响研究［D］．杭州：浙江工业大学，2020．